자의누리

-두번째 이야기

자의누리 - 두번째 이야기

2013년 12월 25일 초판인쇄

지은이 | 최관하 외
발행인 | 최안치

펴낸곳 | 제이플러스애드
출판등록 | 1994년 3월 28일 제10-954호
주　소 | 서울시 서대문구 연희동 192-17 3층
연락처 | 전화(02)335-1155　팩스(02)333-7485

ISBN 978-89-86871-27-2(03810)
값 8,000원

· 이 책의 수익금은 청소년 복지를 위해 사용됩니다.

스승과 제자가 함께 쓴 시와 산문

자의누리

-두번째이야기

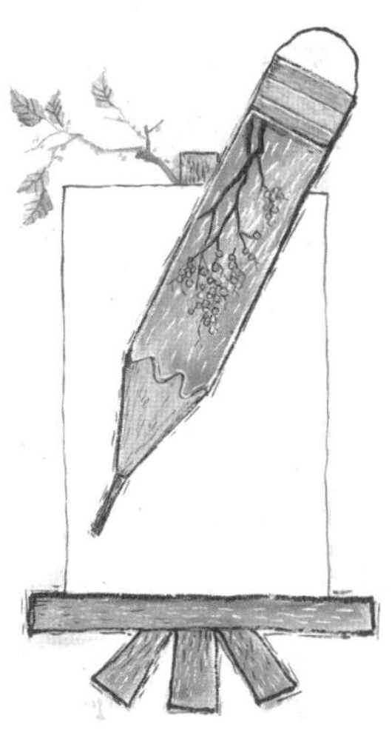

김다희 · 김태연 · 손은비
심지선 · 박은민 · 한지연 · 최관하

제이플러스애드

스승보다 더 훌륭한 작가가 되기를 꿈꾸며

2011년 초 제가 가르치는 고3 한 남학생이 저를 찾아왔습니다.

"선생님, 책을 내고 싶은데 어떻게 하면 되나요?"

저는 흠칫 놀랐지만 이내 미소를 띠며 물었습니다.

"아! 민석아, 글 써놓은 것은 있니?"

"네, 있어요. 선생님."

저는 민석이의 소설을 읽어보았습니다.

민석이는 다른 아이들과 달리 깊은 고민을 할 줄 알고, 또 글을 매우 사랑하는 아이였습니다. 그 글을 다듬고 다듬어 책을 내게 되었는데 그것이 〈정체전선〉(제이플러스 애드, 1991)이라는 소설집입니다. 고등학생이 소설책을 발간한 것에 대해 '교육신문'에 보도가 되었고, 또한 민석이의 단독 출판기념회를 열어주었습니다.

민석이는 경희대학교 국문학과에 입학하였습니다.

금년 초, 민석이에게서 전화가 왔습니다.

"선생님, 저, 신인상 받으면서 시인으로 등단하게 되었어요."

'청출어람 청어람青出於籃 青於籃' 이라고 했던가요?

민석이가 기쁜 것보다 사실 제가 더 기뻤습니다.

2012년 학교에서 창의적 체험활동비가 지원이 된다는 사실은 저에게 매우 기쁜 소식이었습니다. 그래서 공식적으로 〈작가양성반〉을 조직하였고, 나중에 글쓰는 작가가 되기를 원하는 제자들을 모았습니다. 그리고 일 년의 습작, 합평회를 거쳐 선별된 작품으로 5

명의 제자들과 책을 발간하였고, 출판기념회를 열었습니다. 그 책의 이름이 〈자의누리〉입니다.

2013년에도 학기초부터 준비했습니다. 그렇게 금년에 함께 한 친구들은 심지선, 김다희, 박은민, 손은비, 김태연, 한지연입니다. 이 아이들이 자기들의 글을 모아 이번에도 〈자의누리-두 번째 이야기〉를 세상에 내놓았습니다.

우리 아이들이 세상을 아름답게 만드는 글을 썼으면 좋겠습니다.

힘들고 어렵고 부정적이고 비판적인 글보다 따뜻하고 품고 사랑을 나누는 글이었으면 좋겠습니다.

우리 아이들이 아름답게 세상을 살아가면 좋겠습니다.

악한 세상에 영향력을 받지 않고, 선한 영향력을 미치는 인생이 되었으면 참 좋겠습니다.

이 책을 내는데 여러 어려움을 무릅쓰고 도움을 주신 제이플러스애드 이우양 사장님께 감사를 드립니다. 또한 귀한 축시로 축하해준 장민석 시인, 그리고 찬조시로 함께해 준 박수정 학생과, 아이들을 이해하고 격려해준 부모님들께도 깊은 감사를 드립니다. 무엇보다 일 년간 열심히 쓰고 책을 출간하기까지 노력한 사랑하는 제자들에게 박수갈채를 보내드립니다.

최관하(시인, '울보선생' 저자)

● 축시

자의누리

장민석

시작은 봄이었다

태어나면서부터,
아니 그 이전부터 있었다던,
그 믿지 않았던 머리 깊숙한 곳의 작은 씨앗 하나가 톡,
입을 벙글었다

여린 뇌를 뭉그러뜨리며 자라나는 뿌리와 줄기,
그리고 여름 지나 가을이 되어도 색 하나 바래지 않던 잎사귀들이

원래 그러려던 듯

겨울에 가닿아 꽃이 되었다

1993년 서울 출생
2011년 소설 〈정체전선〉 출간
2012년 영훈고등학교 졸업
경희대학교 국어국문학과 입학
2013년 제18회 '문학의 봄' 신인상 시 부문 당선, 시인 등단

빛

박수정

언제나 아침을 비추는 태양 빛을 물감 삼아
한 폭의 소망을 그려 본다.

태양에서 내려오는 빛방울들이
대지를 적셔 푸른 생명이 일어나듯

나의 작은 삶을 누군가의 소망으로
그려내고 싶다

어둠을 헤엄쳐 찾아 온 별빛을 물감 삼아
한 폭의 위로를 그려 본다.

험한 길 감수하고 내려온 별빛들이
어둠을 적셔 환한 위로로 일어나듯

나의 작은 삶을 누군가의 위로로
그려내고 싶다.

영훈고 1학년, 「자의누리」회원

자의누리 활동모습

[coffee]

차　례

김다희

김태연

박은민

시

산문

한지연

시

소설

최관하

시

김다희

시

쳇바퀴
모래시계
우지마라
발로 쓴 시
에메랄드

소설

주연

작가의 말

주연: 연극이나 영화에서 주인공 역할을 맡아 연기하는 일.

사람들은 세상이라는 드라마 속에서 자신을 연기합니다. 이 드라마는 모두가 주연임에도 불구하고 하고 싶은 말과 행동을 하지 못하며, 자신의 진정한 모습을 망각한 채 다른 사람으로 연기하며 살아갑니다.

하지만 이 '자의누리'라는 드라마 속에서 저는 참된 '나'의 모습을 연기하였습니다. 18년이라는 시간 동안 진실된 '나'를 잊고 살았기에 저의 진정한 모습을 찾기까지 많은 시간과 고뇌들로 가득했습니다.

참된 '나'를 알아가는 것은 저에게 크나큰 희열이었습니다. 저도 몰랐던 모습들을 하나 둘 알아가는 것은 너무나도 행복한 일이지요.

저는 이 책을 읽는 모든 사람들이 제가 느낀 기쁨을 함께 나누며 자신이 주인공인 드라마 속에서 진정한 '나'를 연기하며 살아가기를 희망합니다.

쳇바퀴

오늘이 어제던가
내일이 오늘인가

돌고도는 쳇바퀴 속에
나는 무엇을 먹었는가

오늘을 주라고 우는 아이
내일을 얻어서 웃는 아이

끝을 모르기에
이 바퀴가, 그래
마지막인 것을

알았더라면
알았더라면
나는

모래시계

태워라
나 가거든

하여금
시계로 하라

나 죽어서도
일 할지어니

우지마라

천하에 약속하야
무어시 그리 설워 우짖느냐

하늘이 무너졌느냐
나라가 망하였느냐

천하에 무정하야
무어시 그리 겨워 우짖느냐

우지마라
우지마라

우지마라
우지마라

해 뜨고 달 지듯
그 또한 지나리

발로 쓴 시

시를 쓴다
발이

시를 쓴다
손이

걷는 순간조차
붓을 놓지 않던

어느 날
발은 손이 되었다

당신의
손을 보라

무엇으로
보이는가

에메랄드

내 아무리 눈감고 찾아봐도
돌 하나 뵈지 않는구나

다리야
데려다오

보드란 멍석으로
곱다란 덕석으로

입술아
답해다오

여가 멍석이느냐
허면 덕석이느냐

속눈썹 이옵니다
저것은 뭐시더냐
눈동자 이옵니다

속눈썹에 누워
눈동자를 보매

눈 감지 말아주시오
에메랄드가 안보이잖소

주연

어느 날, 바다의 요정은 내게 첫사랑을 주었습니다. 바다 속에서 잠을 자던 당신은 요정이 태워주는 파도를 타고 나의 심장에 들어왔지요. 그래요, 에메랄드. 사랑의 심장. 이제 사랑해도 될까요.

에메랄드 심장이 생기고 저는 온 세상을 거닐며 사랑을 찾아다녔습니다. 저에게 첫사랑이 될 사람을 그리며 부푼 기대감에 젖어있었지요.

'내 사랑은 찬란한 햇빛아래 고운 잎이 빛나고, 유연한 줄기와 싱그러운 향기를 뿜겠지? 정말 아름다울거야!'

무지개다리 위에도, 구름 징검다리에도, 심지어 돌의 틈 사이에도 얼굴을 들이밀며 물었습니다.

"네가 내 사랑이니?"

수십 차례에 걸친 물음에 누구의 대답도 듣지 못한 저는 지쳐있었어요. 거기다가 며칠 물을 먹지 못한 잎은 갈라지고 바삭하게 말라있었지요. 이를 불쌍하게 보던 태양이 저를 치료해 주고 있었을 때였습니다. 어딘가에서 부터 달콤한 단내가 풍겨왔어요. 이 세상에 태어나 맡아본 향기 중 가장 신비로운 향기요. 향기를 따라 조심스럽게 발을 옮겨 간 그곳은 알록달록 예쁜 꽃들과 향기로운 내음이 가득한 곳이었어요. 그리고 저는 그곳에서 단번에 보았습니다. 제 사랑을요. 저는 세상에 태어나 그렇게나 아름다운 꽃들을 보는 것도 후각을 녹이는 향기들도 모두 처음이었습니다. 아름다운 색과 향기가 넘치는 꽃들 속에서 당신이 보였어요. 붉은 꽃잎에 검은 반점이 곳곳이 묻은 꽃. 누군가 이 세상에서 가장 아름다운 꽃을 묻거든 나는 당당히 당신이라고 하겠습니다. 시선을 아무리 다른 곳으로 돌려봐도 어느새 제 동공에는 당신이 그려졌어요. 시선을 돌릴 수가 없을 만큼 당신은 너무나도 아름다웠습니다. 저는 당신께 다가갔습니다. 한 발자국, 그리고 또 한 발자국. 조심스레 다가가 고개 숙여 당신을 마주했을 때, 그리고 당신의 고운 구슬 같은 얼굴을 쓰다듬었을 때, 그 때의 목소리를 저는 아직도 기억합니다.

'나를 사랑해주세요.'

고운 구슬을 닮은 얼굴만큼이나 더 아름다운 눈물을 흘리던 당신. 내 손목더미에 남긴 당신의 얼룩은 아직도 젖어 마르지 않았습니다.

그 날 저는 사랑을 그곳에 둔 채 홀로 집에 돌아왔어요. 당신이 땅 속 깊이 힘을 주고 저를 따라오지 않으려했기 때문이었지요. 짧은 시간. 당신을 보았던 눈은 뇌리에 박혔습니다. 어느 곳을 봐도 당신의 모습만이 보이고, 나의 코로 들어온 당신은 하루종일 코 속을 헤매였어요. 아무리 햇빛을 잘 쬐고, 물을 잘 마시고, 잠도 잘 자도 저는 눈에 띄게 시들어만 갔어요. 그날 밤 꿈속에 요정이 찾아왔습니다.

'요정님 이런 것이 사랑인가요. 이렇게 아픈게 사랑이라면 하지 말았어야 했습니다. 저에게 에메랄드를 주지 말았어야 했습니다. 아! 요정님. 사랑은 무엇입니까. 그것이 무엇이길래 이다지도 아름답고도 슬픈 것입니까. 요정님, 제게 답을 주세요'

'엉겅퀴야. 그렇게나 찾아 헤매던 사랑을 만났나보구나. 너의 마음을 나도 이해한단다. 어릴 적 나 또한 보이지 않는 사랑에 그리고 잡을 수 없는 사랑에 많이 울었단다. 사랑은 말이다. 아무도 보지 않는다면 몰래 갖다버리고 싶은 것이 사랑이란다. 하지만 또 누가 주워가지 않았을까 가슴 졸이며 달려가 가슴으로 안는 것이 사랑이란다. 엉겅퀴야, 기억하거라. 사랑은 눈이 아닌 가슴인 것을. 자, 이제 눈을 감아보거라, 그리고 가슴으로 느껴보거라.'

어제 밤에 요정의 말을 되씹으며 당신이 있는 곳에 눈을 감고 찾아갔습니다.

'눈이 아닌 가슴으로, 눈이 아닌 가슴으로.'

저는 얼마 지나지 않아 당신이 있는 곳에 도착했어요. 멀지 않은 곳에 당신의 향기가 바람을 타고 날아왔습니다. 너무나 반가운 마음에 입을 벌려 당신을 부르려는 순간이었어요.

"아."

저는 뒤늦게야 깨달았습니다. 당신을 부를 이름을 알지 못한다는 것을요. 태어나 이렇게 자신이 바보 같은 적은 처음이었어요.

'세상에, 이름을 모른다니. 나는 슬퍼할 자격도 없어.'

저는 자책에 빠져 활짝 피고 있던 잎을 오므려 얼굴을 가렸습니다. 그리고 얼마 후 발끝을 간질이는 촉감에 눈을 떴어요. 같이 가자는 나의 손을 완강히 뿌리치고 발끝에 힘을 주던 당신이 이젠 제 앞에 있었습니다.

"너를 부를 이름을 알려줘."

"너를 부를 이름을 알려줘."

멀리서 보이는 나의 모습이 반가워 이름을 부르고 싶었지만 부를 수 없어 슬펐다는 당신. 아까의 슬픔은 당신의 말 한마디로 금세 기쁨으로 충만해졌어요.

"나는 엉겅퀴야. 세상에 홀로 떨어져 있는 듯이 외롭고 쓸쓸해 보인다고 해서 바다의 요정이 지어주셨어."

"너와 잘 어울리는 이름이구나. 넌 처음 보았을 때도 고독해보였지."

당신은 더 이상 처음의 적대감으로 가득 찬 표정이 아니였어요. 마치 나를 사랑하는 사람처럼 애수에 젖어있었습니다. 저는 다시 물어보았습니다. 이름이 무엇이냐고. 하지만 당신은 대답없이 고개를 숙이더군요. 저는 눈을 감고 가슴으로 당신을 보았습니다. 첫 번째 이름이 보였습니다. 상처가 생긴 곳 위로 또 다른 상처가 생겨 곪아 터지고, 찢어진 곳 위로 또 찢어진 가슴 아픈 이름이었습니다. 저는 새로운 이름을 지어주기로 다짐했어요.

"내가 이름을 지어줄게. 온 몸으로 사랑을 호소하던 너에게. 그래, 호랑이가 어울리겠구나. 호랑이꽃. 마음에 드니?"

말없이 수줍게 웃는 당신을 보며 저는 생각했어요.

'첫 번째 이름에 슬픔만을 얻은 너에게 기쁨도 알려주겠다고. 너의 사랑이 되고 싶다고. 잊혀지지 않는 꽃이 되고 싶다고. 너만의 향기가 되고 싶다고. 그래, 호랑아 비록 너의 두 번째 이름이지만 나는 첫 번째 이름이기에 나는 너에게서 마지막을 보았다고.'

저는 그 날도 홀로 집에 돌아왔습니다. 당신을 놓아둘 저의 옆자리를 깨끗이 닦아놓고 따뜻하고 고운 흙은 담은 화단도 준비했지요. 저의 옆 자리에서 같은 햇살 아래 있을 당신을 생각하며 저는 행복에 젖었습니다.

이틀 후 다시 당신을 찾아갔습니다. 저번과 마찬가지로 가슴으로요. 멀리서 당신의 모습이 보이네요. 당신도 저의 모습을 봤습니다. 이제는 반갑게 서로의 이름을 불러요.

"호랑아!"

"엉겅퀴야!"

나의 잎과 너의 잎이 부딪히고 나의 줄기와 너의 줄기가 엉켜 사랑을 속삭입니다.

"사랑해."

"사랑해."

쾌청한 하늘과 따뜻한 흙 서로를 안을 수 있는 줄기와 부딪히는 잎. 이곳은 천국에서의 앙상블.

그리고 당신과 내가 앙상블을 이끌어갈 주연.

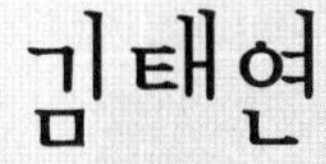
김태연

작가의 말

고등학생이 된 게 엊그제 같은데 벌써 며칠 후면 3학년이 됩니다. 나이를 먹으니 사회에 관심도 높아졌고 이전에는 듣지 못했던 이런저런 소식을 접하게 되었습니다. 사회에는 전혀 관심 없었는데 한번 관심을 가지기 시작하니 이런 많은 것들이 보이는 것 같습니다. 나름 사회의 어떤 일면에 대해서 소견도 가지게 되고 또 다른 일면에 대해서 속으로 비판을 해보기도 합니다.

사람이 성장하면서 반드시 겪게 되는 일 중 하나는 다른 사람과의 관계에서 맺어지는 문제가 아닐까 싶습니다. 그것의 원인이 애정이었든 증오, 슬픔이었든 간에 그 사람과의 관계를 조금 더 개선하기 위해 겪는 사회생활의 필수 관문이라고 생각합니다. 사람과 사람사이뿐만 아니라 개인과 사회, 사회와 사회 간의 마찰에서도 빚어질 수 있는 문제들을 해결해 나가면서 조금 더 나은 자신을 만들어 가는 것이 아닐까요?

이런 문제들을 마주 할 때마다 저는 고민을 합니다. 무엇이 당신과 나에게 알맞은 해결책일까. 이런 고민에서 태어난 감정, 대화 등에서 제 영감이 나오지 않았을까 싶습니다.

저는 제 글을 통해 문제를 해결하기 보다는 여러분과 문제 해결을 위한 대화를 나누고 싶습니다.

열꽃

온몸에 피어난
지독한 열꽃

사지는 물론
심장과 눈까지도
피어오른다

네게 준 사랑
꽃이 되어 돌아왔나
네가 줄 사랑 없다
경고하러 왔나

그래서 이렇게 널 향한 곳에
꽃이 피어나나 보다

부르르, 오한이 들어.

이 소중한 열꽃만 버티면

너는 날 바라봐 주겠니?

지독한 열꽃

널 위해 피어오르게 했다.

거울

쓰레기 더미에 파묻혀
버려진 거울
너는 왜 버려져 있었나

네 안의 나를 보는 것엔 문제가 없다
네가 나를 비추는 것엔 문제가 없다
맑게 날이 개여 흐르는 햇빛을 비춤에도
너는 온전히, 문제가 없다.

테가 낡았기 때문이었을까
금이 가고 조각조각 부서져도
비추는 네가 온전하면 갈아 끼우면 될 일

버려진 거울
온전한 너는 왜 버려져 있었나.

싹이 튼다

아스팔트 굽어
쪼개진 틈 사이로
싹이 텄다

힘겹게
처들은 얼굴은
나 여기 있소 여기 있소.
하며 바르작거린다

용케도 밟히지 않은
이파리 두엇

침묵으로 싹을 품어
터져버린 그에게
반항이라도 하듯
나, 여기 있소!

아스팔트 후벼 파며,
난 조금 더 넓은 곳으로 뿌리 뻗으리라.
아우성친다

아스팔트 굽어
쪼개진 틈 사이로
싹이 튼다

그 곁 지나가던 행인 하나
그 꼴을 보더니 별안간,
빌어먹을 놈!
하며 뿌리째 뽑아버렸다

축배

옥구슬 같은 수평선위에
소녀는 서있다

이리저리 흔들려 치이며
소녀는 잔에 바다를 퍼 담는다

바다가
물결치고
파도치고
뒤집혀 덮쳐도
잠잠하다. 소녀와 잔

소녀는 아무도 허공을 향해
잔을 내민다
이 작은 잔 하나,
어머니, 당신을 잠잠하게 할 수 없을 것을 안다

소녀는 홀로 축배를

이 작은 축배를

반항이라도 하듯

넘실대는 거품 속으로

집어 던진다

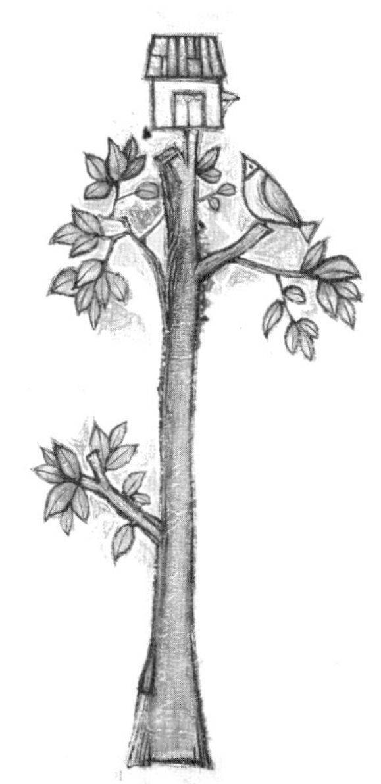

쇠사슬

쩔그렁 쩔그렁
전봇대에 매여 있는 쇠사슬
왜 매여 있는지
무엇에 사용하는지
본인조차 모르는 채로
쩔그렁. 소리를 낸다

어쩌면 옛날엔
자전거를 매어두었을지도
어쩌면 옛날엔
표지판을 매어두었을지도
본인 말곤 모르는 일

과거의 영광을 못 잊어
아무도 기억하지 않는데도
여전히 쩔그렁.
제 모습을 보인다

어느 누구도 감히
치울 생각을 못하게
제 건재함을 외친다

녹슨 멍에
멍에!

오늘도 쇠사슬은
바람도 불지 않는데
쩔그렁, 소리를 낸다

무의미한 그것은
제 존재에 의미를 부여하기 위해
쩔그렁!

인어

제 고향은요
검은 심해바다 속
아무도 찾아와 주지 않는 그 곳

햇빛조차 들지 않아서
옆에 누가 있다해도
나는 몰라라.

초롱아귀, 깜박 불빛에
무시무시한 얼굴로
나의 말동무.

왜 거기서 빠져나오지 않느냐
묻지 말아요
나는 몰라라, 살다보니 여기였는걸

다시 돌아가고 싶어도
상어와 인어는 친구가 될 수 없어

왕자님도
어두운 이곳엔
떨어지지 않아.

혹시 몰라 기다려도
상어가 다 먹어 치웠는걸

제 발로 찾아와 주는 왕자님도 없어
폭풍우에 떠밀려
우연찮게 떨어지는 왕자님 뿐.

제 고향은요
검은 심해바다 속
차라리 아무도 찾아와 주지 않았으면 해.

장님

우리가 알고 있는 것보다
장님이 많은 세상

첫 번째 장님 왈
난 아무것도 보지 않을 것이오

두 번째 장님 왈
난 어떤 것도 보면 안 되오

세 번째 장님 왈
난 봤지만 보지 않았소

아차차 장님이 아니라 벙어리네, 벙어리!
입으론 밥만 처먹는 것밖에 못하는 벙어리!

방

사람들 가라사대, 방이라 함은 좌우 네 면과 상하 두면의 네모가 만들어낸 직육면체의 조합이다.

방을 그려보라 하면, 기실 그들은 가장 먼저 직육면체를 그릴 것이다. 당신은 방이라 하면 정적이고 그저 기본적인 형태인 직육면체만을 떠올릴 것인데, 하지만 정말 그것은 방인가?

그 안에 육면체 가구 하나를 들여 놓아보라. 그 순간부터 그것은 직육면체가 아니다. 육면체를 넘어 가구의 모서리와 꼭짓점, 면들이 모여 십일 면체가 된다. 그렇게 가구를 하나둘 들여 놓게 되면 삼십 면체는 훌쩍 넘어 서보일 것이다. 가구 하나하나가 완벽한 직육면체라면 그나마도 세기 쉬울지 모른다. 하지만 어떤 가구는 책꽂이가 너덧 개는 있고 심지어 곡선까지 있을 수 있다. 당신은 가구를 들여놓을 생각이 없는가? 그렇다면 방 자체의 모서리를 잘 보라. 어떤 방은 나무가 덧대어져 있을지 모르고 어떤 방은 사선으로 된 공간이 있을지도 모른다. 그러한 것이 없다 해도 벽지와 벽지가 만나 약간의 곡선을 만들 것이다. 창문, 문고리, 문지방 전부 합해보라. 아직 세는 것이 가능하다고? 그럼 그 방에 들어선 당신의 몸까지 합해보라. 그때까지도 당신의 방은 진정 직육면체인가?

사는 것도 마찬가지다. 당신은 자신의 인생이 어떠한 틀에 박혀

있다고 설명한다. 그저 단순한 직육면체의 원룸이라고, 인생은 단순하고 너무 뻔한 재미 없는 곳이라고. 하지만 당신이 자신의 방을 조금 더 자세히 보게 될 때 그 방은 직육면체가 아닌 셀 수 없이 많은 모서리를 가진 도형이 된다. 그 모서리는 수없이 많아서 당신이 미처 새지도 못할 것이고 당신이 겪을 경험, 즐거운 기억은 이것보다 더 많을 것이다. 이 세상에 완벽한 직사각형, 직육면체란 존재하지 않는다. 당신이 당신의 인생에 조금 더 진지해지고 조금 더 깊이 볼수록 당신은 단순한 직육면체가 아닌, 방을 그려낼 것이다. 그럼 다시 한 번 방을 보아라. 여전히 당신의 방은 직육면체인가?

손은비

소설

아기 곰 이야기

작가의 말

1년이 지났습니다. 첫 출판을 하고 서점에서 제가 쓴 책을 보았던 그 때로부터 계절이 돌고 돌아 봄, 여름, 가을, 겨울로 어느새 사계절이 지났습니다. 하지만 아직도 저는 그때로부터 마치 네 밤 밖에 안 잔 기분입니다. 작년에는 책을 출판한다는 자체가 마냥 기뻤는데 이젠 책 한 권 들고 했던 여러 고민들을 한 권 더 추가해서 더 고민하고 생각할 거리가 많아지는 것 같아 복잡한 기분이 듭니다.

생각해보면 1년이라는 짧은 시간동안 저는 많이 성장했습니다. 글 속 인물에게 나의 어둡고 아팠던 상처들을 담아 글을 씀으로서 오히려 제 자신에게 상처를 주던 저는 이제 어디에도 없습니다.

1년간 글로 마음을 치유하는 법을 배웠습니다. 화를 녹이고 고집불통이던 내 자신과 대화하는 법도 배웠습니다. 아팠던 기억 슬펐던 기억도 하나하나 저의 이야기를 제가 들어주고 저의 마음을 제가 이해하며 그렇게 하나하나 따뜻하게 바꾸어 나가고 있습니다. 이젠 저 말고도 이 책을 읽는 사람이 제가 그러하였듯이 마음 속 여러 상처를 따뜻하게 녹일 수 있었으면 좋겠습니다. 그리고 그러한 마음으로 쓰기 시작한 작품이 바로 '아기 곰 이야기' 입니다.

책을 읽는 여러분도 저처럼 저의 글을 읽은 다음에는 추운 겨울을 이겨낼 수 있을 만큼의 따뜻한 마음을 만들 수 있었으면 좋겠습니다.

아기 곰 이야기

깊고 깊은 산 속 작은 오두막들이 옹기종기 붙어있는 마을이 있었어요. 그 중에서 아주 새하얀 집이 있었는데 그 곳에는 새하얀 집처럼 새하얀 털옷을 입은 곰돌이 가족이 살았어요. 뚱뚱한 아빠 곰과 요리를 잘하는 엄마 곰, 누구에게나 사랑받는 귀여운 아기 곰은 새하얀 집에서 오순도순 사이좋게 살고 있었어요. 매일 아침이면

“내가 맛있는 물고기를 잡아오지!”

라며 아빠 곰이 낚싯대와 양동이를 들고 바다로 나가고

“엄마가 싱싱한 채소를 좀 가져올게!”

라며 엄마 곰이 바구니와 함께 앞뜰로 나가버렸어요.

오순도순 시끌벅적했던 새하얀 집에는 어느새 작은 곰, 아기 곰이 혼자가 되었어요.

“아이, 심심해!”

아기 곰은 혼자 집을 보는 일을 너무도 싫어했어요. 왜냐하면 혼자 집을 보는 일은 너무나도 따분하고 심심했기 때문이에요.

“집을 보는 일은 너무 따분하단 말이지!”

아기 곰은 곰곰이 생각했어요. 재밌는 일이 없을까? 곰곰이 생각하던 아기 곰은 손뼉을 맞대어 한 번 짝! 하고 치고선 일어났어요.

"모험을 가고 싶다!"

TV에서 본 것처럼 저 멀리로 모험을 떠나고 싶었어요.

"모험을 떠나면 마치 영웅이 된 것 같을 거야!"

아기 곰은 신이 나서 제자리를 빙빙 돌았어요. 신이 나는 것도 잠시 아기 곰은 혼자 모험을 하는 것은 무섭다는 생각이 들었어요.

"친구들에게 전화를 해보자!"

아기 곰은 까치발을 들어 전화기를 잡고 누구에게 먼저 걸까를 생각했어요.

"용감한 호랑이한테 먼저 걸어야겠다."

아기 곰은 호랑이에게 제일 먼저 걸기로 결정하고 호랑이네 집으로 전화를 했어요.

"여보세요? 거기 호랑이네 집인가요?"

[내가 호랑인데 너는 누구니?]

"호랑이야, 나는 아기 곰이야! 혹시 지금 나와 모험을 떠나지 않을래?"

[지금 말이야? 너와 함께?]

"그래! 우리 둘이 함께라면 무섭지 않을 거야! 함께 떠나고 싶다면 네가 모험하는 데 가장 필요하다고 생각하는 물건 하나를 가지고 우리 집으로 와!"

[좋아! 나는 아주 용감하거든! 나의 용감함을 보여주기 위해서 지금 당장 너희 집으로 가겠어!]

"그래 좋아! 지금 우리 집으로 오면 되 어서 오렴!"

아기 곰은 호랑이와의 전화를 끊고 또 다른 친구에게 전화했어요.

[여보세요?]

"너 혹시 강아지니?"

[맞아, 나는 강아지야! 너는 누구니?]

"강아지야! 나는 아기 곰이야. 지금 당장 나와 함께 모험을 떠나지 않을래?"

[모험? 아주 재밌겠는데? 나는 냄새를 잘 맡아! 그러니까 분명히 모험에서 아주 중요한 동물임이 틀림없을 거야!]

"맞아, 너는 아주 중요한 친구임에 틀림없어! 혹시 나와 함께 모험을 가고 싶다면 네가 모험하는 데 가장 필요하다고 생각하는 물건 하나를 가지고 지금 당장 우리 집으로 와!"

[그래, 나의 코를 믿고 눈을 감고 너희 집을 찾아가보겠어~]

"그래그래! 어서 우리 집으로 오렴~"

아기 곰은 강아지까지 친구를 초대하고 또 새로운 친구에게 전화를 걸었어요.

"여보세요? 코끼리네 집 맞나요?"

[네! 제가 코끼린데요~]

"코끼리야! 코끼리야! 나야! 아기 곰~"

[아기 곰아 오랜만이야~!]

"코끼리야 내가 모험을 떠나려고 하는데 같이 가지 않을래?"

[모험이라고? 이야! 재밌겠다! 내가 함께 모험을 하게 된다면 팔랑거리는 내 귀로 너희에게 부채질을 해줄 수도 있고 내 코를 이용해서 물을 뿌려서 물놀이를 할 수도 있고 아주 근사한 분수도 할 수 있단다. 기다란 내 코로 높이 있는 과일도 너희를 줄 수 있을 거야! 어때? 내가 꼭 필요할 것 같지 않니?]

"맞아, 코끼리야 우리 모험에는 네가 필요해! 나와 함께 모험을 하려면 네가 모험하는 데 가장 필요하다고 생각하는 물건 하나를 가지고 우리 집으로 오렴!"

[좋아! 날씨가 더우니까 물을 많이 넣어갈게~! 모험을 떠나면 물놀이를 시작하자고~!]

"그래~! 어서 우리 집으로 와."

아기 곰은 마지막으로 토끼에게 전화를 걸었어요.

"여보세요?"

[여보세요? 아~ 아기 곰이로구나!]

"맞아! 나는 아기 곰이야! 나인걸 어떻게 알았니?"

[내 귀는 아주 밝아서 듣는 거 하나는 아주 자신 있다고~]

"대단하구나! 그렇다면 토끼야 나와 함께 모험을 떠나지 않을래?"

[그래 좋아! 내 빠른 뒷발차기와 뭐든지 잘 들리는 큰 귀는 모험하는데 아주 제격이지~!]

"좋아, 그렇다면 토끼, 네가 모험하는 데 가장 필요하다고 생각

하는 물건 하나를 가지고 우리 집으로 와!"

[그래! 눈 깜짝할 사이에 달려갈 테니 조금만 기다려!]

"그래 어서 와!"

아기 곰은 다시 까치발을 들어서 전화기를 올려두고 방으로 들어갔어요. '과연 모험을 가는 데에는 뭐가 가장 필요할까?' 고민하다가 서랍을 열어 고민하다가 방에서 나와 친구들을 기다리기 시작했어요.

호랑이, 강아지, 코끼리, 토끼! 아기 곰과 함께 모험에 떠날 친구들이 4명이나 됐어요. 아기 곰은 또 신이 났고 아까보다 더 번쩍 일어나 짝짝!! 박수를 두 번 치고 빙빙 돌았어요.

"아이, 신나라! 분명히 재밌는 모험이 될 거야!"

띵동~띵동~

"누구세요?"

아기 곰이 달려 나갔어요.

"어흥~ 나야 나! 호랑이라고!"

아기 곰이 문을 활짝 열며 신이 나서 방방 뛰는 호랑이를 반겨 주었어요.

아기 곰이 호랑이와 이야기를 나누려는데 또

띵동~띵동~하고 벨이 울렸어요.

"누구세요?"

아기 곰이 달려 나갔어요.

"멍멍! 내가 온다는 걸 잊은 거야?"

아기 곰과 호랑이는 문을 활짝 열며 반가워서 꼬리치는 강아지를 반겨 주었어요.

아기 곰이 호랑이와 강아지와 이야기를 나누려는데 또

띵동~띵동~하고 벨이 울렸어요.

"누구세요?"

아기 곰이 달려 나갔어요.

"이야~ 벌써 다 와있었잖아! 반가워 모두 다~!"

아기 곰과 호랑이와 강아지는 문을 활짝 열며 코로 악수를 청하는 코끼리를 반겨 주었어요.

아기 곰이 호랑이와 강아지와 코끼리와 이야기를 나누려는데 또

띵동~띵동~하고 벨이 울렸어요.

"누구세요?"

아기 곰이 달려 나갔어요.

"내가 뒷발차기로 빠르게 달려왔는데 내가 꼴찌란 말이야?"

아기 곰과 호랑이와 강아지와 코끼리는 문을 활짝 열며 마지막으로 도착한 토끼를 반겨 주었어요.

"우리 모두 모였어!"

아기 곰은 신이 나서 박수를 짝짝짝 쳤어요.

"다들 모험에 가장 필요할 것 같다고 생각 되는 물건들 가지고 온 거야?"

"그럼~! 당연하지!"

호랑이는 자신 있다는 듯 가슴을 퉁~하고 손으로 친 채 허리를 꼿꼿이 세웠어요.

"호랑이는 뭘 가져왔어?"

아기 곰이 궁금해서 질문하자 호랑이는 으쓱대며 말했어요,

"어흥! 내가 가져온 것은 말이지~"

호랑이는 큰 헛기침과 함께 말했고, 등 뒤로 감춘 물건을 짠! 하고 보여주었어요.

반짝반짝 빛나는 왕관이었어요.

"이게 뭐야~?"

강아지가 킁킁거리며 말했어요.

"이건 바로 내가 숲속의 왕이라는 소리지~!"

호랑이는 왕관을 쓰면서 말했고 강아지는 고개를 기우뚱한 채 말했어요.

"그게 여행 가는데 무슨 도움이 되니?"

하고 말이에요.

호랑이는 머리를 긁적이다가 머리에 올려놓은 왕관을 내렸고, 강

아지에게 물었어요.

"그렇다면 강아지야! 너는 무얼 가지고 왔니?"

강아지는 가져온 가방 속에서 무언가를 꺼냈어요.

"내가 가져온 게 궁금하지?"

강아지는 짠! 하며 친구들 앞에 보여주었어요.

"이게 뭐야?"

코끼리는 기다란 코로 강아지가 가져온 것을 들어보았고 강아지는 허리에 손을 짚고 자신스럽게 말했어요.

"바로~ 내 이불이지~! 내가 아기 강아지 때부터 썼던 이불이야~ 이게 없으면 난 잠을 못 잔단다."

강아지의 말에 코끼리는 코를 위로 돌돌 말더니 말했어요.

"이 조그마한 걸 어떻게 다 같이 덥고 자라는 거야?"

"모두 다 쓰는 거라니! 이건 내꺼야!"

강아지는 코끼리의 코에 들린 이불을 뺏어와 품에 꼬옥 껴안았어요.

"그렇다면 모험에 필요한 것은 아니잖아!"

코끼리가 강아지에게 말했어요. 강아지는 이불을 다시 꼬옥 끌어안으며 코끼리에게 물었어요.

"코끼리, 너는 다 같이 사용할 것을 가져왔다는 말이야?"

코끼리는 코를 높이 치켜들고 말했어요.

"당연하지~ 나는 함께 물놀이하면서 사용할 공을 가져왔는걸!"

강아지가 눈을 동그랗게 뜨며 말했어요.

"물놀이라고?"

코끼리는 자신감에 가득 찬 얼굴로 말했어요.

"그럼~ 내 코로 물을 들이켜서 위로 뿜으면 그게 바로 물놀이지~ 우리 다 같이 할 수 있는걸?"

코끼리는 일어나서 신이 난 듯 쿵! 하고 뛰자 토끼가 깡충 뛰며 말했어요.

"난 물놀이가 싫어! 귀에 물이 들어가면 어떻게 해!"

토끼가 큰 귀를 감싸며 말했고 코끼리는 시무룩해서 털썩 자리에 앉았어요.

"게다가 우린 놀러가는 것이 아니라 모험을 떠나는 거라고!"

토끼가 말을 했어요. 그리고는 주섬주섬 무언가를 꺼내고는,

"이건 내가 가져온 거야! 가장~ 모험에 필요한 거지!"

토끼가 가져온 것은 지도였어요.

"이야~ 토끼야 이게 뭐니?"

아기 곰은 신기하다는 듯 토끼 앞으로 달려와 물었어요.

"이건 지도란다~"

옆에 있던 강아지가 손을 뻗어 지도를 집고 냄새를 맡았어요.

"킁킁~ 옛날 책 냄새가 나는 걸?"

토끼는 귀를 쫑긋쫑긋하며 말했어요.

"맞아~! 우리 집에 있는 해적 모험 책에서 찢어 온 보물 지도야~"

토끼는 자랑스러운 듯 말했어요. 그러자 아기 곰은 고개를 갸우뚱했어요.

"우리는 보물을 찾으러 가는 게 아닌걸! 게다가 책에서 찢어 온 거라면 우리가 갈 수 없잖아."

아기 곰이 말하자 호랑이가 끄덕이며 말했어요.

"맞아! 맞아~ 그렇다면 아기 곰아 너는 뭘 가져왔는데?"

아기 곰은 빈손을 흔들며 말했어요.

"나는 가져 온 게 없어."

"아기 곰아! 모험에 필요한 걸 가지고 오라고 했던 건 너였잖아!"

코끼리가 말했어요. 그리고는 웅성웅성 시끄러워졌고 아기 곰은 친구들 앞으로 가 탁자 위에 섰어요.

"쉿! 쉿! 얘들아 쉿! 내가 모험에서 가장 필요한 거는 바로 너희였어. 그래서 모험을 갈 생각을 했을 때 너희에게 가장 먼저 전화한 거란다. 내가 모험에서 가장 필요했던 건 바로 내 앞에 있는 너희야."

웅성웅성하고 시끄러운 분위기는 아기 곰 말에 조용해졌어요.

"맞아! 우리로도 충분히 재밌는 모험이 될 거라고!"

호랑이가 주먹을 불끈 쥐고 말했어요.

"하지만 이대로 모험에 갈 수 있을까?"

강아지는 걱정스러운 듯이 말했어요.

"우리끼리만 똘똘 뭉치면 못 할 일도 없다고!"

호랑이는 불끈 쥔 두 주먹을 올려보았어요. 아기 곰은 방으로 가 큰 상자를 가지고 나왔어요.

"아기 곰아 그건 뭐니?"

토끼가 물었어요.

"그럼 우리 모험에 가기 위해서 필요한 것들을 함께 정해서 이 속으로 넣어 보는 것은 어떨까?"

모두가 손뼉을 치며 말했어요.

"좋아! 함께 해보자."

"그럼 먼저 모험을 하면서 우리가 위험해질 수도 있으니까 우리를 지켜줄 수 있는 무언가를 챙겨보는 건 어때?"

"좋아!"

토끼와 강아지는 재빨리 부엌으로 가서 머리에 냄비를 뒤집어썼고, 호랑이는 상대에게 무서워 보이기 위해 '어흥~' '어흥~' 소리를 내보았어요.

"좋아! 좋아! 그렇다면 또 뭐가 좋을까?"

아기 곰이 묻자 토끼가 달려 나간 후 무언가를 들고 왔어요.

"이 나침반 어때?"

나침반이 빙그르르 또 빙그르 돌아갔고 모든 친구들은

"정말 멋있어. 좋아~!"

하며 손뼉을 치고 아래위로 콩콩 뛰어댔어요. 그리고 강아지는 말했어요.

"손전등도 가져가자! 밤길은 깜깜해!"

코끼리가 손전등을 보면서 말했어요.

"손전등을 보니까 불이 필요하지 않을까? 내가 코에 물을 가득 저장할 수 있으니깐 물은 사용하기 쉬울지 몰라도, 불은 가져갈 수 없으니깐 말이야! 불이 있다면 밤에는 따뜻하고, 무언가를 구워먹을 때도 아주 좋을 거야 성냥도 챙기도록 하자!"

성냥을 챙긴 뒤 호랑이는 벌떡 일어난 뒤 박수를 치며 말했어요.

"밥이야! 밥! 먹을 것도 필요하다고~!"

호랑이의 말에 아기 곰은 끄덕이며 아기 곰이 물었어요.

"혹시 요리 할 수 있니?"

그러나 모두 주위를 둘러볼 뿐 손을 들거나 일어나지 않았어요. 그래서 아기 곰은 다시 한 번

"요리를 할 수 있는 친구들은 아무도 없는 거지?"

모두가 눈을 피했고 큼큼거리는 소리 외에는 아주 조용해졌어요.

"그러면 모두 굶는 거야?"

강아지는 몹시 배가 고픈 듯 배를 움켜쥐며 말했고 말해였어요.

"그러고 보니 나도 정말로 배가 고파~"

코끼리도 강아지의 옆에 섰어요.

"정말 요리를 할 수 있는 친구는 없단 말이야?"

아기 곰의 머리가 핑그르르 돌았어요. 모험을 가는데 모두가 음

식을 할 줄 모른다니 어떻게 생활 할 수 있을까요?

"그래, 그렇다면 말이지. 음음……."

아기 곰은 어떻게 해야 할지 요기조기 살펴봤지만 좋은 방법은 없었어요.

그리고 아기 곰은 지금 당장 배고파 하는 친구들을 위하여 간단히 먹을 요깃거리를 먼저 찾아보기로 했어요. 그렇지만 딱히 먹을 수 있는 것은 없었어요.

그때, 문을 여는 소리와 함께 엄마 곰이 들어왔어요.

호랑이와 강아지와 코끼리와 토끼는 집에 돌아 온 엄마 곰을 보며 크게 인사 하였어요.

"안녕하세요!!"

"그래, 반갑구나!"

엄마 곰은 바구니에 옥수수를 수북하게 가져왔고 그걸 본 아기 곰은

"엄마, 엄마! 우리 너~무 배가 고파요."

라며 어리광을 부렸어요.

"그래, 알았어. 옥수수 요리를 해줄 테니 너희들 다 조금만 기다리렴."

엄마 곰은 주방으로 향했고 엄마 곰은 배가 고픈 아이들을 위해 맛있는 옥수수요리를 해주기로 하였어요. 부엌에서는 지글지글 소리가 났고 버터가 발려진 옥수수가 맛있게 구워지는 냄새가 났어

요.

"음~ 냄새! 맛있겠다!"

모두가 기대하며 기다렸어요.

엄마 곰은 버터에 옥수수를 볶아 뚝딱뚝딱 만든 다음 아이들을 불러 모았어요.

"애들아! 이리오렴!"

모두가 뛰어나갔어요.

"이야~ 맛있겠다!"

"잘 먹겠습니다."

많이 배가 고팠는지 모두 맛있게 먹었어요. 그리고 엄마 곰이 물었어요.

"오늘 다 같이 모여서 뭐하고 놀았니?"

아기 곰이 옥수수를 집던 포크를 번쩍 들며 말했어요.

"엄마, 우리는 모험을 떠날 거예요!"

엄마 곰은 미소를 지으며 말했어요.

"아직 모험을 가기엔 어린 나이인걸?"

아기 곰은 포크로 옥수수 두 알을 더 집어 먹고는 말했어요.

"우린 이제 다 컸는걸요?"

아기 곰은 멋지게 허리위에 손을 올려보였고 엄마 곰은 웃으며 물었어요.

"그래. 그래서 오늘 모험을 떠날 준비를 하던 거야?"

엄마 곰의 말에 아기 곰은 몇 번 고개를 끄덕이며 말했어요.

"네! 아, 엄마, 엄마라면 모험을 떠날 때 가장 중요하게 생각해서 가져갈 물건이 뭐에요?"

엄마 곰은 아주 신중하게 고민했어요.

"음 글쎄, 나와 함께 할 수 있는 멋진 친구 한명이라도 친구를 데려가지 않을까?"

엄마 곰은 환하게 웃어보였고 아기 곰도 호랑이도 강아지도 코끼리도 토끼도 서로를 쳐다보며 밝게 웃어보였어요.

어느새 아이들과 엄마 곰, 아기 곰은 옥수수 요리를 다 먹고 따뜻한 바닥에 앉아 이불을 덮고 도란도란 이야기를 시작했어요.

"우리는 꼭 모험을 떠날 거예요!"

호랑이는 자신감에 가득 찬 얼굴로 말했어요.

"맞아요. 우리도 어리지 않고 할 수 있단 걸 보여줄 거라고요!"

강아지가 호랑이의 말에 박수를 치며 말했어요.

"우리도 이제 어른이라는 걸 보여주겠어요~"

코끼리는 코를 아주 높이 들고 말했고

"그래 좋아! 우린 할 수 있는 걸~"

토끼는 벌떡 일어나 외친 뒤 다시 이불 속으로 몸을 파묻었어요.

"그래, 모두 멋진 꿈을 가지고 있구나. 목표를 향해 가는 모습 보기 좋단다."

엄마 곰은 옆에 있던 아기 곰을 품 안에 넣으며 말을 했고, 아기 곰은 엄마 곰의 품으로 파고들었어요.

그렇게 한 명, 두 명 잠이 들었어요. 따뜻한 바닥과 솟아오른 뱃

속 그리고 그 무엇보다 더 따뜻할 그 대화 속에 모두가 잠이 들기 시작했어요.

엄마 곰은 살금살금 잠을 자는 아이들의 틈에서 나와 서랍 속에서 카메라를 꺼냈어요. 그리고 카메라를 켠 뒤 렌즈를 가까이 당기고 초점을 맞췄어요. 그러자 아이들의 자는 모습이 카메라에 담겼고 엄마 곰은 셔터를 눌렀어요. '찰칵!' 하는 소리에도 움직임 없이 잠을 자는 아이들의 모습을 카메라에 담았어요. 이 또한 그들에게는 아주 소중한 추억이 될 거에요. 엄마 곰은 카메라를 탁자에 두었어요. 그리고 다시 서로 엉켜서 다정하게 잠을 자고 있는 그들을 바라보았어요.

지금 쯤 아마도 아기 곰과 친구들은 꿈속에서 서로를 만나 아주 멋진 모험을 떠났겠죠?

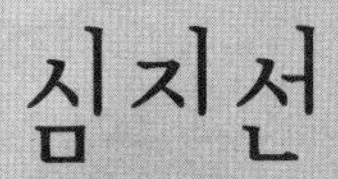

심지선

소설

•

D-day

(부제. 자화상)

작가의 말

안녕하세요.

작가라고 하기에는 스스로의 글이 초라해 보이는 나머지, 책이 나온다는 말도 실감이 나지 않아요. 지금 쓰고 있는 이 글도 그저 끄적이는 말인 것만 같고 아직은 어리둥절하네요. 그래도 작가답게 감사드릴 분들을 생각해볼게요. 우선 뒤에서 이것저것 알아보시고 저희를 위해 찾아봐주신 최관하 선생님과, 같이 책 내게 된 친구들, 감사하다기보다는 마냥 신기하고 떨떠름한 감정을 그냥 함께하고 싶어요! 책을 내는 것만 알고 있고 무슨 내용을 어떻게 쓰는지 하나도 모르고 계시는 우리 엄마아빠는 말 안 해도 항상 감사한 것 알지요? 내 평생 친구 은비, 아라, 수현, 정현, 고승, 성민, 주희에게도 고마운 마음뿐이네요. 연락 자주 하면서 앞으로 평생 갈거라 믿습니다. 다들 사랑해요♡

제목을 자화상이라고 지었는데요, 바뀌어버린 시간 흐름 속에서 윤동주 시인과 서정주 시인의 자화상처럼 자기 자신을 알아나가길 바라는 마음에서 이름짓게 되었어요. 앞서 말한 시들처럼 반성하고 스스로를 자책하는 등의 이야기는 아니에요. 소설 속 주인공의 생각과 가치관들이 저의 것과 비슷한 면이 많기 때문에, 이 글을 쓰던 저 자신에게 있어서의 자화상이랄까요? 앞으로 고3으로서 어떤 마음가짐으로 공부해야 할지, 지금처럼 했다가는 큰 코 다칠 거다!라는 스스로의 경고를 포함한 끄적임입니다. 꿈보다 해몽이네요. 잘 봐주세요, 감사합니다~

D-day (자화상)

#1. D-29

"학교 다녀오겠습니다."

"잘 다녀오렴. 시계는 챙겼지?"

요즘 사람들에게 시계를 챙긴다는 건 매우 큰 의미를 가지게 되었다. 아침에 손목시계는 필수, 서로에게 챙겨주는 건 예의다. 언젠가부터 우리에게 시간이라는 개념은 더 이상 공동체적인 것이 아니었고, 너의 1분과 나의 1분은 다른 시간이 되어버렸기 때문이다. 나의 시간을 보면, 지금은 7시 35분. 곧 있으면 지각이다. 서로의 시간이 다르다는 것은 매우 복잡한 일이다. 내 시간은 촉박하지만 딱히 조급하지 않다. 느긋해지면 된다. 내가 잘하는 일이다. 항상 같은 시간에 맞춰서 살던 사람들이 이제는 각자의 시간에 맞춰 살아간다. 너와 나의 시계는 같지만, 시간은 다르다. 언제부터였더라? 몇 십년이나 됐나? 처음부터 그랬던 것 같은데. 생각해보니 얼마 되지도 않았다. 까딱해봐야 일, 이년 전부터다.

학교에 도착했다. 두리번거려보니 다들 재잘재잘 자기들끼리 이야기중이다. 지각이 아니다. 역시. 시계와 시간에 대해 생각하면서 걸었더니 시간이 '또옥-딱' 했나보다. 나의 시간과 너의 시간이 다르다는 것은 개념적으로 어렵지 않다. 그저 내가 하는 일에 따라 시간이 흐른다. 바쁘다, 시간이 없다고 느끼는 사람에게 시간은 적었고, 나처럼 모든 일에 느긋한 사람에게 시간은 관대했다. 과학적으로 증명할 수도 없다. 같이 보면 같은 시간인데, 서로 느끼는 시간은 다르다. 친구들의 시계와 비교해 보면 항상 시간은 같다. 그래서 우리들 사이에선 '똑딱하다', '또옥-딱하다.'라는 은어도 나오고 있다. 내 시간은 항상 또옥-딱한다. 내 앞앞옆자리 앉은 소영이의 시간은 항상 똑딱한다. 우리 반에서 제일 빠르게 달리는 것 같다. 시계가 잘못된 것이 아니다. 공통적인 시간은 존재한다. 우리들 생각뿐일 수도 있지만 그렇게 치부해버릴만큼 간단히 느껴지지 않는다는 게 문제다.

종이 쳤다. 오늘도 역시 지각의 주인공들이 바뀌었다. 지각쟁이로 따지자면 내가 최고였는데, 아침마다 느껴지는 시간은 다르고 하루하루의 생각도 다르다보니 지각하는 친구들도 매일 다르다. 나는 생각이 많은 편이다. 친구들이 같이 있던지 없던지 상관없이 내 갈 길 가고 내 생각만 하다 보니 여유로워지는 건 당연한 일이 되어버렸다. 처음에는 주위에서 마인드컨트롤 잘 하는 법을 알려달라고 너도나도 성화였는데, 이젠 다들 포기했다. 여유로워지자며 열심히

마음 먹는 것과 진짜 여유로워지는 건 달랐기 때문이다. 아무리 천천히 간다, 천천히 간다 생각해도 실제 마음이 급해지면 저절로 시간은 똑딱해 버린다. 그냥 생각없이 다니는 아이들의 시간은 또옥-딱 하게 흘렀다. 나는 또옥-딱했다.

다들 시험기간이라고 바빠진 모양이다. 여기저기 한숨소리가 들린다. 몇몇은 엎드리며 달콤함에 빠진다. 그렇게 백기를 든다. 예전 같았으면 나 또한 이었겠지만 요즘은 왠지 생각에 잠기고 싶은 날 연속이다. 저렇게 쉼 없이 펜이 춤을 추는 아이들의 시간은 똑딱하겠지? 또 다른 아이들은 급해졌는지 옆 짝꿍의 필기를 베끼는데 한창이다. 분명 일, 이등 한다는 맨 앞자리 아이의 것일 테다. 소영이도 그 중 한 명이다. 우리 반 일등. 필기 좀 보여달라고 하면 항상 눈동자는 내 쪽으로 힐끔인데 몸은 반대편이다. 시계는 느긋한 주제에 자기 바로 뒤인 2등 자리를 맡고 있는 나에게 불만일테다. 하지만 여유로운 걸 어떻게 멈출 수도 없는 노릇이니, 신경쓰지 않기로 했다. 다시 앞 자리를 보았다. 저 아이들에게 10분의 쉬는 시간은 5분도 안 되어 끝날 것이다. 시계 보느라, 베끼느라 바쁘다. 너희들의 시간은 분명 똑딱하고 물 흐르듯 흘러가고 말거다. 그럼 내 시계는……. 이제 1분 남았다. 남은 시간을 계산하는 것도 쓸데없는 일이 되었다. 이건 개개인만의 시간이니까, 너희들의 1분은 더 똑딱할테니까. 서로의 시간을 비교해보는 멍청한 짓은 그만둔 지 오래다. 내가 먼저든 네가 먼저든 우리는 같은 시간 속에 있는 것이 분명하기 때문이다.

–딩동 댕동

종이 쳤지만 아무도 움직이지 않는다. 나만 여유로운가 싶어 이 분위기가 어색하기도 하다. 처음 '내 시계가 느린가?' 라는 생각이 들었을 때는 이미 모두가 이상함을 느꼈을 때였다. 각자 느끼기만 하고 서로 '내가 이상한가' 하는 의문을 갖기 시작할 즈음에 회장 승연이가 아이디어를 냈다. –쉬는 시간 시작하자마자부터 딱 오 분을 재보자. 시계는 내가 갖고 있을 테니 너희들은 각자 평소 초침에 맞는 오 분을 재서 말해줘.–라는 것이 그것이다. 좋은 생각이었다. 우리는 말한 그대로를 행동으로 옮겼고, 놀라지 않을 수가 없었다. 내 평소 초침으로 세어보니 일 분 남짓 될까말까였는데 벌써 오 분이 지났다고 했다. 우리 반에서 가장 많은 시간을 가진 건 당연히 내가 되었고, 가장 조급한 아이는 바로 소영이었다. 소영이에게는 오 분이 팔 분으로 느껴졌다고 한다. 그 때부터였다. 소영이가 나에게 왠지 모를 집착을 가진 것은 그 때부터였던 것 같다.

얼마 전 일이다. 수업 시간이 얼른 끝났으면–싶더니만 정작 쉬는 시간이 되니 할 일이 없다. 두리번 두리번 주위를 둘러보았다. 맨

앞자리에서는 소영이가 공부를 하고 뒷자리에서는 민경이가 자고 있다. 나머지들은……. 책상 위에 책은 있는데 두더지처럼 고개만 빼놓고 두리번거린다. 나도 지금 저런 모습일까? 다시 내 책상을 본다. 일 년 전 우리들의 흔적들이 남아있다. 무엇을 잘랐는지 알 수 없게 색마저 바래져 버린 칼 자국과 자기 자리임을 증명하듯이 써 놓은 이름들. 책상들에게는 상처일 패인 홈에 샤프를 왔다갔다하며 입술을 잘근거린다. 샤프심을 또각거리며 생각을 정리한다. 이 자리에 앉고 나서 생긴 내 버릇이다. 대놓고 앞자리는 아니지만 은근한 모범생티를 내기 위해 앉은 중간에서 조금 앞자리, 그게 바로 이 자리다. 끝자리에만 앉을 땐 항상 옆 짝도 그렇고 앞도 그렇고 나도 그렇고 항상 놀고만 있다가 수능이 다가오니까 조마조마 불안한 마음에 앞자리로 옮겼다. 맨 앞에서 고군분투하는 저 아이들 옆에 가는 것은 방해일 것만 같아, 나에게는 앞자리로 불리우는 이 자리도 전체로 보면 중간자리다. 한 손으론 턱을 괸 채 책상에 쓰러지듯 기대었다. 그냥 그 시간이 내 것이 된 것 같은 느낌이 든다. 주위에 사람들은 하나도 신경쓰이지 않고 오로지 내 생각만 하게 된다. 카메라에 보면 흐림현상이던가? 초점과 그 주위만 선명하고 주위는 흐릿해지는 효과가 있는데, 비슷하다. 어젯밤에 본 드라마부터 당장 디데이를 세고 있는 수능은 어떻게 해야할까하는 생각까지. 느긋한 성격덕분인지 시간흐름이 바뀐 그 순간부터 생각이 더 많아졌다. 생각을 하면 할수록 시간은 천천히 또옥-딱했다. 샤프로 벅벅 긁다

보니 얼마 지나지도 않았는데 가루가 수북하다. 후우– 입으로 불어서 날려버리고는 다시 턱을 괴고 누웠다. 생각해보자. '이제 다음 달이면 수능이야.'. '나는 이럴 시간은 없는데 왜 공부가 안 될까?'. '물론 생각할 때는 시간이 천천히 가니까 나쁜 건 아니지만…….'. 시간흐름이 바뀌고 나서 생긴 이 버릇을 개중에는 부러워하는 친구들도 많았다. 나름의 계획표도 짤 수 있는 시간이라서 일 년을 하루처럼 보내야 하는 고삼들에게는 최고의 버릇으로 보이나 보다. 생각이 많아서 공부도 잘하냐며 우스갯소리로 장난치기도 한다. 아니라고 손사래치며 가볍게 웃어넘기곤 했지만 그렇게 여겨주니 나도 자부심을 갖기 시작했다. 그렇게 생각을 정리하고 있는데 소영이가 책상을 툭 치고 지나갔다. 순간 주위 공기들이 깨어났다. 오랜만에 집중이 잘 돼서 생각하고 있었는데. 내 생각 정리 시간은 길어야 삼십 분, 짧으면 일 분도 못 버틴다. 그 짧은 시간을 방해하다니? 기분이 나쁠 뻔 했지만 잘못봐서 실수했겠거니 하며 넘어갔다. 그리고 다시 생각 정리 시간에 몰두했다. '소영이는 왜 저렇게까지 하는데 그 정도 성적밖에 안 나오는 걸까?'. '지금 내가 바로 뒤지만 나중에 대학가고 어른이 되면 차이가 난다는 게 이런건가?'. '아니야. 나랑 상관없는 일이잖아?'. '하지만 내가 조금만 더 공부하면 따라잡을 수 있을 성적인데…….'.

툭–.

다시 공기가 흐트러졌다. 나를 휘감던 공기의 흐름이 또 다시 뒤죽박죽이 되었다. 이번엔 또 누구지 싶어 고개를 홱 돌려보니 아까 나를 치고 갔던 소영이다. 장난인가 싶어 헤죽이며 웃어보였다. 그냥 지나가려다 나와 눈이 마주쳐 마네킹마냥 우뚝 서 있는 소영이는 그런 나를 위아래로 훑어보았다. 그러더니 쌩하고 가버렸다. 이건 내 착각이 아닐 것이다. 수능 한 달전 고등학교 삼학년 반의 특유의 적막함 속에서 그 행동은 튀는 행동이었나보다. 다들 갑자기 수군거리며 다가와 이것저것 물어본다. 귀찮다.

"너 소영이랑 싸운거야?"

"소영이 왜 저래?"

"너한테 화풀이 하는건가?"

"네가 자기 이길까봐 괜히 저러는 거 아니야?"

"너만 귀찮겠다. 소영이 질투 심하잖아."

"재 이거 듣고 있는 건 아니겠지?"

참새처럼 재잘대며 대답을 원하는 눈빛으로 초롱거리는 사이에서 그냥 대충 얼버무리며 엎드렸다. 귀찮은 나를 아는지 모르는지, 흔들고 간질이며 이리저리 깨우다가도 조금 지나니 흥이 식었는지 사그라들었다. 소영이 질투야 이미 알고 있었다. 하지만 나에게 그건 나쁘게 느껴지진 않았다. 그만큼 욕심이 있는 건 좋은 것이다. 나에게는 그런 욕심 따위가 없기 때문에 오히려 부럽기도 하다. 내가 본 소영이는 모든 면에서 완벽주의자다. 공부도 일등이 아닌 때가 없었고, 체육이든 미술이든 지는 것을 본 적이 없다. 피구든 발야구든 축구든 농구든 처음에는 못하고 룰도 몰랐는데 어느 순간엔가 보면 잘한다, 우와-소리가 나올 정도로 잘한다. 얘가 이거 팬이었나 싶을 정도로 모든 룰을 다 알고 있다. 나중에 물어보면 공부 좀 했다며 으쓱해하곤 했다. 미술도 마찬가지였다. 데생부터 유화까지. 물론 전문가만큼의 완벽한 작품들은 나오지 않지만 학생치고 못하던 아이가 이 정도면 훌륭하지 싶다. 그래서 선생님들도 예쁘게 여기시곤 했다. 노력하는 모습은 아름다울 수 밖에 없으니까. 모든 것에 욕심이 없는 나에게는 멋있게 느껴진 것이다. 그런데 소영이가 나를 질투한다고? 자리를 바꾸고 나서 소영이 뒤를 이어 2등을 딱 한 번 해본 나를? 도대체 왜? 점수차이가 얼마 안 나서 조마조마한건가? 하지만 나는 1등까지는 바라지도 않는다. 저렇게 욕심도 크고 열심히인 아이를 이길 자신도 없거니와 그럴 능력도 되지 않는다. 2등 한 번 한 것도 우연일 뿐인데 주위에서는 난리들이다.

이제야 정신차렸냐며 만세를 부르시는 선생님과 성적표를 받고 감격해서 말을 잇지 못하시던 부모님에게 차마 우연이라고 말하지는 못했다. 다들 점점 기대가 커질 것이다. 모범생들이 겪는 부담이 이런 것이구나. 하지만 나는 다음 달 수능의 모습이 훤하기 때문에 부담이 느껴지지 않는다. 일년 중 반 이상은 이렇게 놀고 먹다가 이제와서 어쩌겠다는 건지. 스스로 생각해봐도 한심하기 짝이 없는데 다들 기대하고 대견해한다. 하지만 난 신경쓰지 않는다.

그럼에도 소영이는 불안했나보다. 잠깐 들렀다간 참새 떼들의 표현으로 말하자면 화풀이하는 셈이다. 한 달 남은 수능에 대한 스트레스가 이런 식으로 나타나는 건가? 나도 이럴 때가 아니다싶어 책을 펴봤다. 자리를 바꾸고 나서 공부하겠다며 빨강 파랑 색색이 정리해놓은 노트를 폈다. 힐끗 소영이 자리를 보니 소영이는 수학문제를 풀고 있었다. 저번에 본 문제집은 벌써 다 풀었나보다. 깨끗한 것을 보니 새 거다. 다시 눈을 돌려 내 노트를 보았다. 지저분하다. 좋아! 나는 내 방식대로 공부하겠어. 원래 똑같은 책을 여러 번 보는 것이 더 효과적이라 들었다. 시간도 한 달 밖에 남지 않았으니 이렇게라도 해야지. 이 방법을 어디서 주워들었더라? 공부의 신이 되는 길을 알려준다던 EBS였나? 한 번 실패를 겪고 재수해서 말로만 듣던 좋은 대학교를 간 사촌언니였나? 아니면 엄마의 잔소리 중에 한 소절이었나? 아! 나도 모르게 다시 생각에 잠기고 말았다. 이러면 안 되지. 다시 소영이를 보고 자극을 받으려고 고개를 치켜들었다. 그 순간 내 쪽으로 몸을 튼 소영이와 눈이 마주쳤다. 살짝 당황스러워서 계속 눈을 맞췄더니 소영이도 놀랐는지 눈동자가 흔들린다. 아, 당황하면 눈동자가 저렇게 흔들리는구나. 잠깐 눈 한 번 마주친 걸로 왜 이렇게 놀라지? 내가 무슨 잘못했나? 고개를 갸우뚱하면서 소영이를 향해 살짝 미소지어 보았다. 소영이는 당황한 티를 내지 않으려는 듯 숨을 두어 번 크게 쉬더니 힐끗 째려보고 다시 공부했다. 스트레칭하는 게 아니었다. 나중에 친구들에게 들어보니 소영이가 나를 매우 의식하고 있었을 때라고 한다. 나는 그저 생각에 잠겨 이것저것 궁리하다가 너를 보고 자극 좀 받으려고 한 건데, 소영이에게 나는 라이벌일 뿐이었다. 그 후 들어보니 소영이는 내 자리를 항상 힐끔거려 왔다고 한다. 나는 혼자 생각에 잠길 때가 많아서 못 알아차렸지만, 모든 아이들이 다 알고 있었다. 심지어 항상 잠에 빠져있는 뒷자리 민경이까지도 알고 있었다. 여러 번 나에게 눈치를 주고 다 같이 쳐다보기도 했다고 한다. 그럼에도 내 공간을 깨뜨릴 수는 없었는데, 소영이가 그럴 때마다 툭 쳐서 깨어나곤 했던 것이다. 이런 사소한 일로 싸우거나 화를 내고 싶지는 않았고 딱히 소영이가 나에게 큰 잘못을 한 것도 아니기에 그냥그냥 넘겨왔던 것이다. 그 때부터 지금까지 항상.

–딩동 댕동

이번 시간도 자습이다. 다음 달이면 수능이기 때문에 모든 과목에서 자습시간이다. 이제 공부를 해 볼까나. 아까 펴놓았던 노트를 보았다. 지금부터 딱 오십분만 집중해야지. 지금부터, 시-작!

#2. D-6

이제 다음 주면 수능이다. 그동안 펑펑 놀아온 것을 제 자리로 모두 돌려놓기 위해서 정말 최선을 다한 한 달이었다. 나뿐만이 아닌 모든 친구들이 열심히라고 말하겠지만, 고삼이라는 타이틀에 걸맞는 공부를 했다고 큰소리 칠 수 있다고 자부한다. 다음 주면 운명이 결정된다는 초조함과 걱정에 더불어 이제 열아홉의 정점을 찍을 날이 온다는 설레임에 요즘엔 잠도 오지 않는다. 부족한 공부도 더 해야 하고 시간도 분배하고 준비해야 할 것도 많다. 하루하루 너무 바쁘다. 말만 걸어도 신경질난다는 고삼스트레스가 이런 건가 싶기도 하고 건강에 좋네 피로회복에 최고네 하면서 이것저것 들고 방문을 여는 엄마의 모습에 괜스레 한숨을 내쉬기도 한다. 요즘 방영중이라는 인기드라마와 최신영화, 베스트셀러 소설책 등 볼거리들도 잔뜩이고, 새로 나온 핸드폰에 여기저기 사고 싶은 예쁜 옷들에 유행이라는 신발까지 살 것들도 많다. 모두모두 꾹꾹 눌러서 종이 한 장에 모두 담고 기대중이다. 그 종이 한 장을 책상 스탠드 위에 붙이고 하루하루 참아가고 있다. 나는 한 달이라는 시간밖에 준비하지 않았지만, 다른 친구들은 일 년이라는 그 길고 긴 시간을 어떻게 견뎠을까 싶다. 천성이 여유롭다보니 시간도 넉넉했고, 다른 초조한 친구들과는 달리 이것저것 생각도 많이 했다. 일주일 전이라는 핑계로 나도 모르게 나태해지는 바람에 마음을 다잡기 위해 독서실도 다니기 시작했다. 주위엔 모두 고삼이다. 잠을 자거나 가방을 내려놓고 놀러 다니는 고삼들도 있었지만 소영이처럼 하루 종일 아침부터 저녁까지 공부만 하는 고삼들도 많았다. 집에 갈 때는 시간이 넉넉하지 못해서 하루치를 다 끝내지 못했는지 울상인 친구들이 대다수였다. 나만 웃고 있었다. 이렇게 남들과 비교하다보니 더더욱 자신이 생겼다. 쓸데없이 이유없는 자신감만 늘었다는 생각이 들기도 한다. 하지만 긴장하는 것보다야 나을 것 같다. 시험장에 가서도 울상인 친구들은 똑같이 울상일거다. 나쁜 것 같긴 하지만 나는 웃고 있을 것이다.

수능 날 당일에도 시계가 이렇게 흐르면 어떻게 하냐는 문제점들이 여기저기에서 대두되고 있다. 나와는 상관없는 이야기지만 열심히 공부해 온 친구들은 걱정이 이만저만이 아닌가보다. 그렇다고 그 날만 달라질 수는 없을 것이다. 그 날만 시간이 제대로 간다면 내 생활은 뒤죽박죽이 되고 말테다. 지금까지 해왔던 것처럼 했다가는 다른 친구들은 모두 시간이 부족할 것은 뻔한 일이다. 아무리 내가 뻔뻔하다해도 현실을 모르지는 않는다. 언제 시간이 제대로 바뀔지 몰라 불안하긴 하지만 왜인지 그게 수능 날은 아닐 것만 같

은 확신이 든다. 만약 시간이 제대로 돌아간다고 해도 지금까지 한 달여동안의 노력이 있으니 결과가 나쁘지는 않을 것이라 스스로 설득시킨다. 어떻게 보면 불안한 마음이 더 큰 것인지도 모르겠다. 그래서 혼자 다독이며 추스르는 것일지도. 하지만 그것 또한 노력이다. 합리화한다.

#3. D-day

오늘이 드디어 수능 날이다. 어젯밤을 새고 한두 시간 정도 낮잠 겸 자고 일어났다. 날씨도 좋고, 기분도 어느 정도 괜찮고! 왠지 신난다. 아침상에 미역국같이 잡다한 미신과 관련된 그 무엇도 없고, 새벽공부삼아 펴본 책 사이에서 꼭 외우리라며 체크해놓은 요약정리까지 한 번 훑어보기도 했다. 혹여나 너무 느긋해질까봐 평상시 입고 공부하던 교복을 입고 추울까봐 담요에 목도리까지 꽁꽁 둘러싸고 나갈 준비를 하기 시작했다. 누가보면 피난가는 줄 알겠네-하는 우스갯 소리가 저절로 나올법한 차림이다. 도시락, 가방, 시계, 목도리……. 챙길 목록을 모두 되짚어보고 기분 좋은 미소를 지으며 문을 열었다. 시원한 바람이 분다. 십일월이 쌀쌀한 건 당연한 거다. 오랜만에 한파가 아닌 날에 수능을 본다며 뉴스기사 헤드라인으로도 여러 번 언급되었다. 뭐 모든지 상관은 없지만 어느정도 떨리게 되는 건 당연한가보다. 느긋하기로 유명한 내가 다 떨리다니! 이제 수능을 보게 될 학교 앞이다. 파아란 새벽부터 응원하겠다며 잠을 깨고 달려온 후배들이 보인다. 알지도 못하지만 같은 교복이라고 힘을 주는 모습이 귀엽게 느껴진다. 작년의 내 모습이 저랬으려나? 대입수능장이라는 플랜카드도 보인다. 처음 와 보는 학교지만 답답하거나 어색하진 않았다. 오히려 긴장되게 해주는 느낌이 기분좋게 다가왔다. 수험표를 들고 들어가서 내 자리에 털썩 앉았다. 몸에 힘을 다 풀고 얼굴을 책상에 묻어버렸다. 이제 일곱 시간 정도 후면 지금까지 준비해온 것들이 끝난다-하는 생각에 허탈함이 벌써부터 밀려들어온다. 차가운 책상의 기운이 얼굴로 슬금슬금 스며들자 두근거리기 시작한다. 수능아침을 그렇게 하나하나 맞이하며 기다리는데 하나둘씩 나와 같은 수험생들이 입장하기 시작한다. 다들 녹초가 된 걸 보니 어젯밤에 잠을 하나도 못 잔 얼굴들이다. 아무리 시간이 자유로워졌다고 해도 고삼들에게는 아니겠지. 아, 오늘 시간은 역시나 평소와 같았다. 아니었다면 지금쯤 시험을 보고 있었을지도 모르는 일이다. 시간의 흐름이 같은 것에 불만을 가진 아이들도 많은 것 같았다. 나만 기분이 좋았다. 태평천하에 나오는 윤 직원 영감 심보로 보일지는 몰라도 이 시간흐름은 나에게 태평천하보다 더 든든했다.

-지금부터 수능 시험을 시작하겠습니다.

방송이 나왔다. 이제 드디어 시작한다. 첫 교시는 국어다. 시간이 부족한 친구들이 많은 과목인 만큼 나에게는 유리한 과목이다. 1번 문제부터가 쉬웠다. 2번 문제도……, 3번 문제도 모두 쉽게 느껴졌다. 처음이 쉽다보니 갈수록 시간이 널널해졌다. 이 반에 모든 아이들의 머리가 지끈거리는 소리가 들리는 것 같다. 문제를 다 풀고 슬쩍 둘러보니 시간도 남고 다른 아이들은 열심히 풀고 있다. 아직 한참 남아보인다. 나는 한 번 더 볼까나? 한 번 뿐만 아니라 세네번은 더 보아도 시간이 남을 것만 같다.

-딩동 댕동

그렇게 첫 번째 시험이 끝나고 뒤이어 수학, 영어, 사탐 영역까지 모든 시험이 끝났다. 국어시험과 마찬가지로 모든 시험이 나에게는 쉽게 느껴졌다. 아니, 정확히 말하자면 쉽다기보다는 시간이 넘쳤다. 사탐의 경우에는 십 분만에 다 풀고 여덟 번도 넘게 다시 볼 수 있을 정도였다. 만족스러운 점수가 나올 것만 같다. 어느 새 따듯해진 책상이 얼굴과 맞닿으니 주위 소리가 다시 들리기 시작했다. 모두들 시간이 부족했나보다. 부족한 정도가 아니라 빠듯해서 못 푼 문제도 많다며 아우성들이었다.

"바로 밖에 부모님이 보여. 지금까지 손발 꽁꽁 얼어가며 기다리

셨을 텐데. 어떻게 해!"

"지금까지 몇 년동안 공부한게 이렇게 끝나버렸어……. 왠지 허무하다. 그치?"

"핸드폰 켜봐! 이거 13번 답 뭐야?"

"이제 학교도 끝이야. 신기하기도 한데 슬프기도 하다……."

바로 밖이면 부모님이 나와 계실텐데, 지금까지 노력이 이렇게 물거품이 된다니-하는 가지각색의 반응을 보이며 아이들이 울기 시작한다. 하나둘씩 나가는 친구들의 어깨는 높아져 있거나, 축 처져있다. 그들을 보고 있자니 안쓰러우면서도 한편으로는 다행이라는 생각이 앞선다. 나에게 오늘은 최고의 날이다!

이제 친구들과의 약속을 지키러 놀러나가는 일만 남았다. 아, 아니구나! 책상 바로 앞에 붙여 놓은 꿈의 리스트들도 모두 실현시켜야 한다. 우선 집에 도착하자마자 교복을 벗지도 않고 그대로 침대에 드러누워버렸다. 이제 앞으로는 입을 일이 거의 없을 교복이다. 처음에는 이것도 촌스럽고 유치하다며 입기 싫다고 떼를 썼는데……. 갑자기 학교 모습이 영화의 한 장면처럼 짤막짤막하게 흘러간다. 급식을 제일 처음으로 먹겠다며 뛰어나갔던 일, 첫 눈이라며 매 년 친구들과 쓰레받기를 들고 장갑을 축축히 적셔가며 눈싸움을 한 일, 비둘기가 반으로 들어와 한참을 헤매다가 결국은 열린 창문으로 날아가던 일……. 이것저것 생각나는 일이 많은데 생각해

보면 다 좋았다. 이래서 어른들이 추억을 회상하면 눈물이 나온다고 하는 건가싶다. 눈을 감았다. 눈을 감으니 더 생생하다. 약속시간까지는 아직 한참 남았으니 조금만 자다가 일어나야겠다. 열아홉의 가장 큰 행사가 끝났으니, 조금은 쉴 권리가 있다.

조금만 자고 일어나야지-했던 것이 벌써 여덟시다. 이제 어른으로서의 첫 번째 밤이니 늦게 만나서 밤새도록 놀자는 친구의 말을 비웃었었는데, 약속을 늦게 잡길 잘했다. 새삼 어른이 된 느낌이 들기 시작한다. 기껏해야 다섯 시간도 되지 않았는데, 잠에 드는 순간까지는 학생이고 각몽하는 순간 어른이 되는 그 기분이 왠지 판타지스러웠다. 새롭게 느껴진다. 이제 슬슬 나가봐야 할 시간이다. 머리부터 발 끝까지 차려입고 문 손잡이를 잡았다. 아침때보다 더 차갑다. 문을 열자마자 틈 사이로 차갑다 못해 시린 바람이 들어온다. 문 앞에는 친구들이 모여 있다. 다들 중학교 때부터 친했던 사이에 이 동네에서 같이 놀러 다녔던 친구들이다. 오랜만에 우리들의 거리가 아닌 새로운 놀 거리를 찾아보기로 했다. 이름 하여 신항로 개척! 놀러 나온 것도 고삼이 되고 난 후 처음이고, 이 친구들과 이 시간에 놀러 나온 것도 처음이었기 때문에 다들 들떴다. 노래방도 가보고, 말로만 듣던 술집도 가보고, 수험표로 할인받은 영화와 쇼핑까지……. 그렇게 한 시간 두 시간, 시간은 흐르고 집에 들어가야 할 시간이 다가와 버스정류장으로 향하고 있었다.

"어, 저거 소영이 아니야?"

"그러게! 소영이 아침에 본 사람있어? 어디 학교에서 봤대?"

"그렇게 열심히 한데다가 놀지도 않던 애가 이렇게 나온 걸 보면 수능 엄청 잘 본거 아니야? 말로만 듣던 수능 전 과목 만점자가 소영일지도 몰라!"

"그러기엔 또 표정이 좋지 않은걸? 자세히 봐봐. 수능 못 본거 아니야?"

"설마……. 야! 버스왔다. 얼른 가자!"

다들 오늘 소영이를 처음 본 지라 얼굴 낯빛부터 확인하는 듯 했다. 나도 흘깃 보게 되었다. 생각보다 많이 어두운데? 신나서 방방 뛰어놀던 나랑은 딴판이었다. '혹시…….' 안 좋은 생각이 들려는 순간 은지가 팔을 잡아 끌며 얼른 가자고 재촉했다. 소영이랑 얘기 좀 하고 싶은데……. 나랑 친한 사이는 아니었지만 그래도 경쟁자로서 질투하고 의식했다는 관계가 있기에 쉽게 발걸음이 떨어지지 않았다. 양 옆에서 거세게 잡아끄는 바람에 얼른 버스에 올라타긴 했지만, 찝찝한 마음은 집에 도착할 때까지 풀리지 않았다. 침대에 누울 때까지도 풀리지 않았다.

#4. 성적표를 받는 날

학교에 다시 나오는 건 실상 놀기위해서 뿐이었다. 그게 끝이다. 수능이 끝나자마자 공부라고는 운전면허자격증 시험공부밖에 없었다. 다들 이제 한 달 정도는 쉬어도 된다며 수업시간마저도 쉬는 시간으로 바꾸어 버렸다. 선생님들도 함께 고생하시고, 오히려 더 많이 힘드셨기에 그런 우리들을 보고 허허 웃어넘기고는 하셨다. 꿈같은 대학생활이야기도 오고가고, 취업에 성공한 친구들은 면접에서 어떤 일이 있었는지 해프닝을 이야기하기도 한다. 마지막이라는 단어가 밀려들어온다. 확연히 전과는 다른 느낌이다. 이것저것 생각도 하고 다른 이야기도 함께 하고 놀다가 나를 찜찜하게 만들었던 소영이 이야기가 나왔다.

"소영이 오늘도 학교 안 나온건가?"

"하긴, 이제 수능도 끝났겠다. 소영이정도면 안 나와도 되지. 성적도 다 일등급이겠지, 뭐."

"너무 뻔한걸? 아무리 그래도 이제 학교는 마지막인데……."

"야, 너는 소영이 안 싫었냐? 솔직히 내가 너였으면 그렇게 질투하는 모습 보고 화냈을 것 같아. 넌 가만히 있는데 괜히 혼자 맘 상하고 질투하고 눈치보잖아!"

역시나 타깃은 나로 바뀌었다. 왠지 찜찜하긴 하지만 그걸 말해봐야 좋을 건 없으니까…….

“난 별로 신경 안 써. 오히려 난 수능 잘 봐서 기분 너무 좋아! 소영이도 잘 봤으면 좋겠다. 그렇게 마음 졸였는데, 그치?”

“그치는 무슨. 나 같았으면 확 망해버려라! 하고 저주했을거야. 역시 공부잘하는 애들은 다른건가? 부럽다! 그나저나 어제 너네 뭐하고 놀았어? 이번에 새로 나온 영화 봤어?”

“당연하지! 최신 영화는 다 봤어.”

재잘재잘 또 다른 주제로 새어나간다. 역시 이래서 편하다. 나는 왠지 소영이의 표정이 잊히질 않는다. 슬퍼하는 건지 아쉬워하는 건지 기뻐하는 건지 알 수가 없었다. 시간이 있었으면 조금이라도 이야기해보는 건데. 학교에 다시 나오기 시작한지도 꽤 되었건만 소영이는 나올 기미를 안 보인다. 다들 필요없기 때문일거야-하는 어림짐작만 할 뿐 누구 하나 확실히 답을 아는 사람은 없었다.

“자. 다들 자리에 앉아 봐라. 너희들의 마지막 성적표가 나왔다.”

담임선생님께서 들어오시고 일 번부터 차례대로 성적표가 나오기 시작했다. 이미 어느 정도 답을 맞춘 후라고 해도 직접 눈으로 보게 되는 것과는 역시 달랐다. 낙담하고 기뻐하는 빛이 확연히 보

였다.

"23번."

드르륵 소리를 내며 천천히 의자를 끌었다. 성적표를 받기 바로 직전까지 기분좋은 두근거림을 계속 안고 싶었다. 생각보다 짧은 그 시간동안 선생님의 얼굴은 환하게 빛이 났다. 성적표를 받고 보니 왜 그런지 알 것도 같았다. 모두 일등급이었다. 물론 가채점을 했을 때도 그랬지만 확실하게 확인하고 나니 더 기분이 좋았다.

"25번."

아무도 나가지 않았다.

"25번, 25번 누구야?"

"소영이요."

다들 선생님께 초롱초롱한 눈빛을 보내며 어떻게 된 일인지 설명을 바라는 표정을 지었다. 선생님은 소영이라는 말을 듣고 나에게 지어주셨던 환한 미소를 지으며 성적표를 바라보았다. 그리고 점차, 표정이 어두워졌다. 다들 궁금한 표정을 지었지만 선생님은 애써 태연한 척 다음 번호를 불러나갔다. 그리고 으레 그래왔듯이 그새 관심이 사라져버린 친구들은 다른 이야기를 하느라 바빠졌다.

왠지 소영이의 일이 신경쓰이는 건 나뿐인가 보다. 다음 번호, 다음 번호를 계속 불러나가던 선생님은 끝까지 다 부르시고 나가셨다. 소영이가 어떻게 된 건지 궁금했지만 차마 물어볼 수 없었다.

전국적으로 성적표가 나오고 나니 역시나 인터넷 한 포털사이트의 검색어는 마비가 되었다. 이번에는 특히나 시간의 흐름이 달랐기 때문에 불만의 목소리가 커졌다. 수능 관련자들은 운 또한 시험이고 시간의 흐름을 조절하는 능력 또한 우리에게 필요한 것이라며 대충 얼버무렸지만, 그렇게 쉽게 넘기기에는 지금까지의 시간이 용서할 수 없다는 반발이 거세게 일어났다. 지금 이 순간에도 시간은 자기 멋대로 흘러가고 있었다. 그리고 왠지 나는, 소영이의 표정이 어두웠던 것도, 선생님이 소영이의 성적표를 보고 실망한 기운이 역력했던 것도 모두 시간의 흐름때문일 것만 같은 생각이 들었다. 다들 망했다고 하는 이유도, 이번 수능이 변별력이 없었다며 비난받는 이유도 모두 그 때문이다. 나에게는 이익이었지만 다른 모두에게는 해가 되었나보다.

이상하게도 수능 그 이후부터 갑자기 시간이 제대로 돌아가려는 기미를 보이기 시작했다. 내가 놀기에 바빠서 조급해진 것인지, 아니면 다른 친구들이 바쁜 일을 끝내고 느긋해진 것인지는 몰라도 서서히 우리가 느끼는 시간이 맞춰지고 있는 것만 같았다. 물론 이

것도 나뿐만 아니라 모두의 의견이다. 그러기가 몇 일, 결국 승연이가 다시 한 번 시험해보자는 의견을 냈다.

"하나, 둘, 셋! 오 분 후에 손 들어줘."

놀랍게도 시간이 제대로 가나보다. 모두가 비슷한 때에 손을 들었다. 나에게 팔 분같던 그 시간이, 소영이에게는 삼 분같던 그 시간이 이제는 모두 똑같이 오 분이 되어버렸다. 느긋하게 마음을 먹고 다른 생각을 하려 노력했는데도 오 분이다. 똑같다. 길어봐야 이 년이라는 시간동안 적응되어 나만의 시간이 전체 시간을 삼켜버렸는지 같은 시간이라고 확신하는 게 어색한 느낌이 앞섰다. 그러면 수능은 어떻게 되는 거지? 소영이는 어떻게 되는 거야? 지금까지 힘들게 공부해온 친구들은 뭐가 되는 건데? 다들 생각에 잠겨서 한 마디의 말도 새어나오지 않았다. 충격일테다. 처음 시간이 바뀌었을 때도 그랬으니까. 나 또한 충격이다. 이 사실을 우리만 알 리가 없다. 다른 모든 사람들이 알 것이다. 그럼 우린 어떻게 되는 거지? 왜 하필 이렇게 중요한 시기에 우리가 걸려서 고생이지? 하필이면 왜, 하필이면……. 불안해졌다. 이번 불안은 소영이 때문도, 선생님과 부모님 때문도 아닌 나 때문이다. 난 이제 어떻게 되는 거지? 솔직히 말하자면 수능은 시간흐름이 도와주지 않았다면 불가능했을 등급이 나온 게 사실이다. 여유로움에 더불어 시간이 늘어나지 않았더라면, 그저 몇 년 전과 같이 모두 같은 정해진 시간 안에 문제를 풀어야만 했다면 이 점수가 나올 리가 없다. 그걸 모두가 알게 될 것이다. 내 태평천하가 끝나버릴 것이다. 불안해지기 시작했다.

#5

역시나 다들 시간의 회복에 눈을 뜨기 시작했다. 시간이 점차 정상으로 되돌아오고 있음을 깨달은 것이다. 인기검색어는 항상 '수능', '대학'이라는 키워드와 함께 '시간'이었고, 대학교에서는 어떻게 할지 논의 중이라고 한다. 우리는 졸업을 하고 각자의 집에서 어떻게 될지 하염없이 기다리는 중이다. 원서는 이미 넣어졌고, 되돌리기에는 너무 많은 시간이 지나버렸다. 거꾸로 시간이 흐를 수 있다면 좋을 텐데, 그럴 수 없다는 걸 누구나 알고 있었다. 그렇게 하루, 이틀, 일주일이 흘렀다. 결국 전국적으로 수능을 포기한다는 뉴스기사가 보인다. 예상못한 일은 아니지만 아쉽고 놀라웠다. '그럼 어떻게 하려고 하지?' 하는 생각에 바로 옆 대학교에 관한 기사들을 클릭해보았다. '각 대학교에서는 설립목적과 선발취지, 원하는 인재의 모습을 확인하기 위한 시험을 치르게 되었다. 이는 시간의 흐름에…….' 결국 대학교마다 각기 자신들만의 시험을 봐서 수능을 대신하겠다는 말이었다. 맞는 방법이긴 한데 힘이 빠졌다. 기껏 잘 보게 된 수능이건만. 대신 수능 성적표는 면접 때 더불어 보

여질 것이라 했다. 아무래도 얼마나 급하고 여유로운 성격인지를 알아보기 제일 편하기 때문일 것이다. 그렇게 나는 잘 나온 수능 성적을 고이 접어 면접 준비 용지에 함께 끼워놓았다. 시험을 새로 보기에는 성적이 잘 나오지 않을 것이 보지 않아도 훤하다. 다른 전형으로 알아봐야겠다.

그렇게 알아보고, 알아보고 또 알아보다가 면접 100%의 대학을 알게 되었다. 서둘러 면접준비를 하다 보니 당일이 되는 건 시간문제였다. 단정하고 예쁘게 웃어야한다는 말에 거울을 보고 미소지으며 기운을 불어넣었다. 나는 수능을 잘 본 사람이야. 모두가 떨어질 때 붙을 사람이야-하는 암시를 걸면서 기분 좋게 집을 나왔다. 그리고 면접장에 도착한 나는, 그 곳에서 놀라운 사람을 만났다. 바로 소영이었다.

"소영아!"

"어, 오랜만이야. 수능 전에 보고 처음인가?"

"응. 어떻게 된 거야? 학교도 안 나오고, 네가 왜 이 면접을 봐? 내신은? 수능은? 시험은?"

"음. 그게……. 사실 알지? 난 시간이 바뀌고 나서 항상 불안해했던거. 그렇게 일 년동안 불안하고 시간도 빨리 흐르더니 수능 날에도 변하지 않더라. 시간이 너무 빨리 흘러버렸어. 삼십분도 안 된 것 같았는데 벌써 시험시간이 끝나버린거야. 슬프기도 슬픈데 너무 억울해서 학교에 나가야 할 필요성을 느끼지 못했어. 어떻게 보면 내 반항인 셈이야. 소식들어보니까 너는 다 일등급이었다며? 부럽기도 하고 질투도 나고. 이건 내 잘못도 아닌데 싫어서 이 면접 보러왔어. 이번에는 반항이 아니라 오기랄까! 이젠 대학욕심은 없어. 그냥 억울함을 먼저 풀고 싶어. 어디에 하소연할 수도 없잖아. 나만 그런 게 아닌데 어쩌겠어. 시간이 다시 되돌아왔다는 얘기를 듣고서도 사실 수능이 다시 보고 싶진 않았어. 다시 또 겪기 싫은 일이 되풀이 될 것 같기도 했고, 다른 일이 벌어진대도 과연 그게 정답일까싶은 마음이 드는 것 있지? 좀 부끄럽긴 한데 사는 데 정답이 있는 건 아니잖아? 이렇게 억울한 마음 품고 좋은 대학가는 것보다는 지금 이거 다 없애고 떳떳하게 내 정답을 만들어 나갈거야. 그게 내가 이 면접에 온 이유야. 사실 이거 다 면접에서 얘기하려고 준비한 건데 너가 먼저 들어버렸네. 학교에 못 나간건 너무 아쉬워. 친구들도 다 보고 싶은데 이젠 헤어졌잖아? 나중에 모일 때 꼭 다시 연락해줘. 알겠지?"

"당연하지. 수능보고 나더니 진짜 어른됐네?"

"그러게 말이야. 아! 다음이 내 차례다. 면접 잘 봐. 같이 이 학교 잘 다니자. 그 땐 질투도 안하고 괴롭히지도 않을 자신있어!"

"응. 얼른 들어가 봐! 오늘은 시간도 방해안하는 날이잖아?"

"응!"

그렇게 궁금하고 찜찜하게 느껴졌던 소영이의 이야기를 알게 되니 마음 한 켠이 어수룩해졌다. 수능은 어떻게 보면 내 자질을 테스트하는 관문이다. 나는 그 관문을 잘 통과했지만 소영이는 그렇지 못했다. 하지만 지금 생각해보니 통과하는 것이 중요한 것이 아니라 그 전과 그 후, 과정과 그 후가 중요한 것이었다. 나는 아직 학생이다. 아직 열아홉살을 벗어나지 못했다. 하지만 소영이는, 어른이 되어가고 있었다. 시간을 낭비하면서 공부를 한다고 생각됐던 소영이의 그 공부들은, 그 시간들은 어른이 되기 위해서 필요한 시간과 공부였나보다. 쉽게만 느껴졌던 면접이 너무 크게 느껴졌다. 왠지 들어가면 어른들 사이에 낀 학생으로 보일 것만 같다. 소영이같은 사람들이 많겠지. 그리고 나도.

"68번, 69번, 70번, 71번 들어오세요."

그리고 나도 그 어른으로 보이게 될 것이다. 아직은 아니지만 면접이라는 또 하나의 관문을 통과하고 나면, 그 후에는.

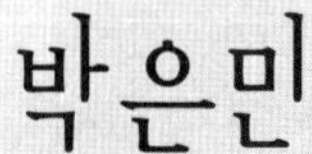

박은민

시

산문

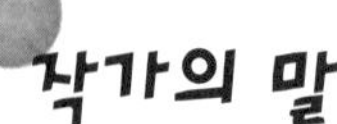

작가의 말

작고 사소한 일들, 너무 당연하게 여기는 일들의 소중함을 우리는 항상 잊고 살아갑니다. 나중에 그 일들이 내 곁을 떠나고 나서야 그 소중함을 알게 됩니다. 작고 사소하지만 지금 누리는 것들에 항상 감사하며 살고 싶습니다.
한마디, 서로에게 당연해서 혹은 쑥스러워서 건네지 못한 마음들을 모두 표현했으면 좋겠습니다.

아직 다 성장하지 않은 우리들이 미운오리새끼라고 믿고 싶습니다. 미래에 우리가 백조처럼 성장해서 지금보다 더 큰 무대에 서있었으면 좋겠습니다.

'답이 없는 말'은 돌아가신 외할아버지께 보내는 말입니다.
지연언니, 정연, 민세, 영준, 일겸 모두 고마워
한마디 덧붙이자면 이 모두를 많이 사랑합니다.

길

너의 흔적을 찾아 떠나보았다
너는 이 시간에 무엇을 했을까
너는 이 장소에서 어땠을까
너도 나와 같은 느낌이었을까
너도 나처럼 외로웠을까

그 시간에 내가 어린 너를 안을 수 있었더라면
그랬더라면 이 순간에 너도 나처럼 외롭지 않았을 텐데.

발자국

희미하지만 커다란
너의 발자국을 보았다

높고 가파른 계단을
너의 발자국을 따라
나도 걸어보았다

멀고도 외로워 보이는
너의 뒷모습을 보았다

좁고 어두운 골목을
너의 뒷모습을 따라
나도 걸어보았다

이 길을 따라가면
너를 따라가면
마지막엔 네가 뒤돌아 웃고 있기를.

꽃봉오리

무언가 서툴었고
무언가 어색했고
무언가 부족했다

아직 피지 않은 꽃봉오리였을 뿐인데
너무 이른 겨울이 와버렸다

조금만 더, 늦게 겨울이 왔더라면
조금만 더, 누군가 너를 따스히 품에 안았더라면

너도 꽃을 피울 수 있었을까?

다섯 손가락

한 손가락으로는
널 가리킬 수 있고

두 손가락으로는
널 향해 브이를 그릴 수 있고

세 손가락으로는
날 지나치려는 너의 옷깃을 잡을 수 있고

네 손가락으로는
너의 얼굴을 만질 수 있고

다섯 손가락으로는
너의 따스한 손을 맞잡을 수 있다

연필

연필은 마술사다
연필을 손에 쥐면

네 얼굴이 떠올라
네 얼굴을 그리게 되고

네 목소리가 들려와
널 위한 노래를 쓰게 되고

네 생각이 나서
너의 얘기를 일기장에 쓰게 된다

너는 마술사다
날 이렇게 만든

풋사과

전봇대 너머 피어오른 석양도
건물 아래 붉게 물든 단풍잎도
저기 뛰노는 아이들의 바알간 볼도
널 향하다 보면 온 세상이 따뜻하다

약간은 시큼새큼한 풋사과처럼
다 여물지 않아 어린 마음이어도
서툴지만 풋풋한 이 내 마음은
아직은 시큼새큼 다 여물지 않았더라도
널 향하는 마음은 여느 사과 못지않게 붉다

한마디

사랑해
어쩌면 내가 너에게 하고 싶은 말
어쩌면 네가 나에게 하고 싶은 말

고마워
어쩌면 내가 전해지 못했었던 말
어쩌면 당연해서 하지 못했었던 말

먼저 다가가지 못해서
먼저 말할 용기가 없어서
계속 망설이고 있었던 한마디

사랑해
이제야 먼저 말해본다.

꿈

나도 영화의 한 장면처럼 달려보았다. 숨이 턱까지 차올라서 숨쉬기가 힘들어질 때까지 달리기를 멈추지 않았다. 아니 멈출 수 없었다. 먼 거리를 달렸다고 생각했을 때, 헉헉대며 거친 숨을 내몰아쉬면서 나는 걸음을 멈추었다. 먼 길을 달려왔음에도 내 귓가에는 아직도 아까의 그 대화들이 선명하게 맴돌았다. 나를 괴롭히는 이 소리들은 언제쯤이면 내 귓가에서 멀어질까.

난간에 서서 사람들이 지나다니는 길거리를 내려다 보았다. 고층 아파트의 다리가 후들거릴 정도의 높이에서 내려다 보자. 아찔한 무언가가 내 안에서 소용돌이 치는 듯한 그 느낌에 나는 차마 발을 그 자리에서 뗄 수가 없었다. 그렇게 나는 다시 공허하게 창 밖의 사람들을 바라보았다.

내 삶에서의 이 엉켜버린 실타래 같기만한 이 모든 관계들을 끊어버리고 싶었다. 모든 것을 듣고 싶지도, 보고 싶지도 않았다. 현실을 버리고 나는 이상의 세계로 떠나고자 다짐했다. 영원히 꿈을 꾸고 살 수 있는 이상의 세계로 말이다.

나의 꿈을 실현시켜줄 그리고 나를 이상의 세계로 이끌어줄 나의

작은 꿈의 조각들을 삼켰다. 나만의 조그마한 공간에 어둠이 찾아오고, 편안함이 밀려오자, 나는 눈을 감았다. 그리고 나는 다짐하고 믿었다. 그곳에서는 우리가 그리고 내가 꼭 행복할 수 있을 거라고 말이다.

그러자 어둠이 걷히고 환한 빛에서 처음 보았던 것은 나를 향해 미소짓는 너였다.

주연이 아니라서

시끄럽게 울리는 알람소리를 듣고 일어나자 드는 첫 생각은 멍청하게도 너의 생각이었다.

어제 분명 결심했었다. 오늘부터는 너를 생각하지 않겠다고 말이다. 그런데도 바보처럼 나는 너에 대해 일어나자마자 생각하다니, 나도 참 답이 없다고 느끼며 내가 주연이 아니라는 사실에 대해 다시 한 번 뼈져리게 느끼게 되었다.

어제 너와 함께 있는 그녀를 보고서는 나는 더 이상 너의 곁에 있을 수 없다는 결론을 내렸다. 왠지 모르게 비련의 여주인공이 된 듯한 내 처지에 서글픔을 느끼면서, 그렇게 기나길었던 또한 지쳐가는 나의 짝사랑에 마침표를 찍자고 결심하고 나서야 모든 게 끝난 것이라 생각했다.

그 날 밤, 영화를 보았다. 흔한 영화, 흔한 장르인 로맨틱 코미디. 늘 그렇듯이 로맨틱 코미디의 흔한 결말처럼 영화의 결말은 남녀 주연들의 행복한 결말이었다. 나는 분명 이 영화를 보고 웃어야했다. 웃음이 나야만 했는데, 눈물이 났다. 아무도 주목하지 않은 채, 기억 속에서 잊혀져 버릴 여자 조연 배우 때문이었다. 남자 주연을 짝사랑하는 여자 조연 배우의 모습에 눈물이 났다. 영화가 끝이 나고 다들 영화관 밖으로 나가는데, 나 혼자서만 영화의 엔딩 크레딧이 끝날 때 까지 자리에 앉아 울 수 밖에 없었다.

어두운 영화관에 불이 켜지고 멍하니 혼자 남겨졌을 때, 그때서야 알게 되었다.

나는 주연이 아니였다는 사실을 말이다. 그 때문에 너의 곁에 있는 사람이 내가 아닐 수 밖에 없었다. 애초에 우리들이라는 이 영화는 너와 그녀가 주연 배우였고 나는 단지 이 영화의 여자 조연배우였을 뿐이었다. 그리고 결말은 나의 슬픈 짝사랑이 아닌 너와 그녀의 행복한 결말이었다는 걸 깨달았다.

영상이 꺼진 까만 스크린을 바라보며 한참을 울 수 밖에 없었다. 저 끝난 영화의 엔딩 크레딧처럼 우리들의 시간이, 너 와 나의 시간도 이젠 끝이 났다. 주인공 외에 잊혀 지는 조연들처럼 너와 내가 함께한 시간이라는 영화는 시간이 지나면 나에게도 잊혀질 것이다. 나만 슬퍼하던 영화도, 너와 그녀가 행복해지는 영화도 이젠 끝이 났다.

movie's over.

답이 없는 말

오늘 나는 당신에게 용기를 내어 인사를 건네 보았다.

"안녕하세요."

하지만 늘 그렇듯이 당신은 대답 없이 나에게 고요한 침묵만 돌려주었다. 당신에게 대답을 듣고자 하는 것이 나의 욕심일지라도, 당신과 함께 보낸 시간이 그리 길지도 짧지도 않았던 터라 침묵이 올 때마다 가슴에서는 씁쓸함이 울려 퍼진다.

"있잖아요… 그때는 전하지 못해서 지금 다시 당신을 찾아왔어요."

나의 이러한 말에도 당신은 대답이 없었다.

"그때는 내가 너무 어려서·· 잘 알지 못해서 그랬던 거라고, 너무 미안하다고 말할려고·· 이 말을 전할려고 왔어요."

말을 끝맺고 나서 눈물이 터져 나왔다. 나에게 대답 없는 당신이라 더욱 더 서러웠다. 나의 이 모든 말들이 당신에게는 변명일지 몰라도, 나는 진정으로 당신에게 이 말을 전하고 싶었다.

"당신을 많이 사랑했어요. 그리고 지금도 많이 사랑합니다. 그때 말하지 못해서 미안해요. 미리··내가 미리 말했더라면…"

이렇게 후회하지 않았을 텐데. 십년, 당신이 내 곁을 떠나고 홀로 보낸 시간이자 당신과 함께 보냈던 시간의 수치. 왜 이제야 당신의 빈자리를 알게 된 것일까.

많이 늦었지만, 이제야 진심을 담아 당신에게 다시 한번 말해 본다. 비록 당신은 절대로 나에게 답을 주지 않겠지만, 그래도 당신에게 닿을까하는 마음에 말해 본다.

"사랑합니다. 그리고 많이 보고싶습니다."

한지연

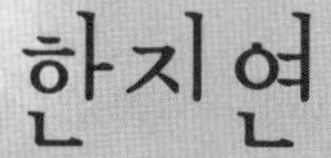

시

•

태양잎

눈을 감아도

잿빛하늘 파란나비

여우비

하늘의 전등

해바라기

하얀국화

잔혹동화

소설

•

물빛전설

석양의 백호

꿈같은 이야기

반복

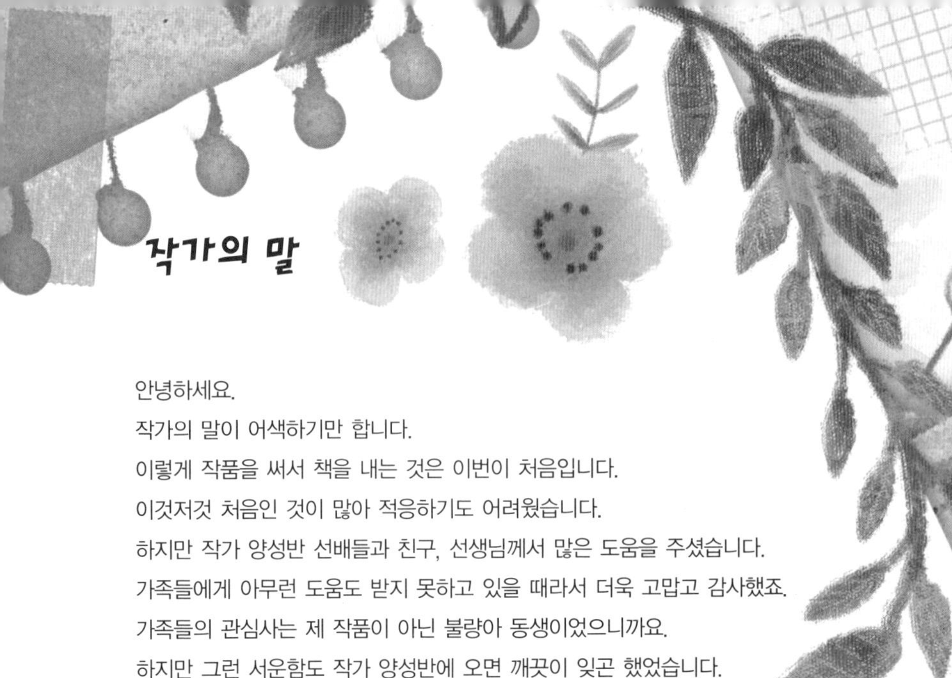

작가의 말

안녕하세요.
작가의 말이 어색하기만 합니다.
이렇게 작품을 써서 책을 내는 것은 이번이 처음입니다.
이것저것 처음인 것이 많아 적응하기도 어려웠습니다.
하지만 작가 양성반 선배들과 친구, 선생님께서 많은 도움을 주셨습니다.
가족들에게 아무런 도움도 받지 못하고 있을 때라서 더욱 고맙고 감사했죠.
가족들의 관심사는 제 작품이 아닌 불량아 동생이었으니까요.
하지만 그런 서운함도 작가 양성반에 오면 깨끗이 잊곤 했었습니다.
작가 양성반에서 아이디어를 얻은 작품도 많았습니다.
그 중 하나가 바로 국화입니다.
요즘 10대들의 고민에 대해 얘기하기도 하고 하다보니, 국화가 생각났습니다.
국화는 제가 가장 특별히 생각하는 작품이기도 하고요.
국화는 요즘 10대들이 한번쯤은 생각해본 소재로 쓴 것 인데요, 가장 많은 생각을 하게 된 작품입니다.
물론 제 글쓰기 실력이 탁월한게 아니라는 건 알고 있습니다.
하지만 독자분들께서 제 작품을 읽어주시고, 냉철하게 판단해 주신다면 더 좋은 작품이 탄생하게 되지 않을까요?
마지막으로 저를 응원해준 사람이 몇 되지는 않지만 이 기회를 빌어 감사하단 말을 전하고 싶습니다.
이곳까지 함께해온 작가 양성반 선배님들과 유일한 동급생 수정이, 책을 내는데 많은 도움을 주신 최관하 선생님, 무관심 했지만 독설을 날려주신 엄마와, 책 내는 사실을 여태껏 모르고 계셨던 아빠, 나의 오랜 친구 은정이, 담임 선생님이신, 김소연 선생님께 감사의 말씀을 전합니다.
마지막까지 응원해주셔서 정말 감사합니다!

태양잎

황금빛 태양으로 물들어가는 은행나무 거리
떨어진 은행잎을 주워들고 황금빛 태양을 가려본다.
은행잎은 태양이 버거운 듯 다 감싸안지 못한다.
너도 그렇다. 너도 내 모든 면을 감싸안지 못한다.
은행잎이 바람에 넘실거려 황금빛 태양이 다 보이듯
너도 주변의 유혹에 흔들려 날 노출시킨다.
그에 지친 태양은 하늘로 도망간다. 나는 너에게서 도망 칠 수
있을까?
나도 태양처럼 용감하게 도망치고 싶다.
검어져가는 은행잎처럼 널 검은 그리움에 담아두고 싶다.

눈을 감아도

눈을 감아도 멀리 떨어져 있어도 당신의 모습이 보입니다.
눈을 감아도 귀를 막아도 당신의 목소리가 들립니다.
눈을 감아도 보이는 따뜻한 햇살같은 당신의 모습
눈을 감아도 들리는 아름답고 짙은 당신의 목소리
가끔은 괴롭지만 이렇게라도 보고 싶습니다.
가끔은 괴롭지만이렇게라도 듣고 싶습니다.

잿빛하늘 파란나비

한치 앞도 보이지 않는 잿빛하늘에 파란나비가 날아온다.

색이라곤 찾아볼 수 없는 잿빛하늘에 파란나비가 날아온다.

암울한 냄새만 감도는 잿빛하늘에 파란나비가 날아온다.

잿빛하늘은 빛을 삼켜버릴 듯 크지만 파란나비는 그만큼 밝다.

잿빛하늘은 절망으로 어둡지만 파란나비는 행복으로 밝다.

상처 가득한 잿빛하늘을 안고 갈 작디작은 파란나비

잿빛하늘을 희망으로 밝혀 갈 아름다운 희망 파란나비

여우비

내 마음에 내려온 당신
당신은 봄에 내리는 부드러운 여우비 입니다.
내 몸을 따뜻하게 적셔주던 당신 나는 당신을 기다립니다.
내 온몸을 웃음으로 적셔줄 당신을 기다립니다.
하지만 당신은 오지 않습니다.
하늘을 향해 외쳐보아도 당신은 내려오지 않습니다.
내려오지 않는 당신 때문일까요? 당신은 내 기억 속에서
점점 지워져 갑니다.
서운한 감정도, 슬픈 감정도 무뎌져 아무것도 느끼지
못합니다.
하지만 당신을 기다립니다. 당신이 내려오길 간절히 바라며
기다립니다.

하늘의 전등

내가 죽어 하늘에 왔다.
밤을 비춰주는 하늘의 전등 별이 되었다.
사람들이 밤하늘 아래 미아가 되지 않도록 도와주는 하늘의
전등 별이 되었다.
우주를 떠돌며 다른 별의 삶을 엿보는 하늘의 전등 별이 되었다.
내몸을 불태워 인간들의 눈을 즐겁게 하는 하늘의 전등 별이
되었다.
누군가를 위해 살아가는 나는 하늘 위 전등 별 이다.

해바라기

저 멀리 기다리고 있는 꽃 한 줄기 노오란 자태를 뽐내며 나를 유혹한다.

한마리의 은여우처럼 부드러운 꽃잎으로 나를 유혹한다.

그의 이름은 해바라기 그 한줄기의 꽃을 갖기 위해 나는 달린다.

하지만 성격 급한 해바라기는 기다려주지 않는다.

햇살처럼 노랗고 부드러운 잎 한번 만져보지 못한 나는 해바라기가 돌아올지도 모른다는 희망에 그 자리를 맴돈다.

하얀 국화

한 아이의 원통한 죽음을 알리듯 책상 위 곱게 놓인하얀 국화

피로 물든 아이의 눈물을 알리듯 책상 위 곱게 놓인 하얀 국화

어둠의 비명을 들려주듯 책상 위 곱게 놓인 하얀 국화

점점 늘어간다. 하얀 국화가 늘어간다.

슬픈 하얀 국화는 셀수 없이 늘어만 간다.

잔혹동화

사람들의 비명이 담긴 잔혹동화
사람들의 원망이 담긴 잔혹동화
누구하나 손대지 못하고 누구하나 읽지 못 하고
그 자리를 지키듯 조용한 잔혹동화
그렇게 짙어만 간다.
더한 어둠만을 갈구해 간다.
그렇게 잔혹동화는 더해져 간다.
사람들의 피가 더해지고 사람들의 눈물이 더해지는
이것은 그저 끔찍하고 고통스러운 인생의 원흉 잔혹동화
그 끝은 어느 누구도 알 수 없다.

물빛전설

교복을 단정히 입은 한 소녀가 한강의 다리위에 위태롭게 서있다. 바람이 불자 휘청이는 소녀.

소녀의 행동에 사람들이 소리를 질러댄다.

"경찰은 왜 안 오는 거야!"

"119! 119! 만약을 대비해서 불러두는게 좋지 않을까?"

사람들의 목소리가 싫은 듯 얼굴을 찡그리는 소녀.

소녀는 메고 있던 가방을 벗어 아래로 떨어뜨렸다.

소녀의 행동에 사람들은 또 다시 식겁을 한다.

"학교 따위 지겨워. 그 애도, 그 애의 친구들도 다 죽여 버리고 싶어..."

소녀의 섬뜩한 말을 들은 사람은 없는 듯 보였다.

"이제 쉴때도 된 것 같아."

소녀는 태연하게 말하며 양팔을 벌린 채, 몸을 앞으로 기울였다.

***

"으으..."

소녀는 얼굴을 찌푸리며, 눈을 떴다.

"이… 이게 뭐야!"

소녀는 뒷걸음질을 치며 덜덜 떨었다.

소녀의 앞엔 아름다운 바다 속 풍경이 펼쳐져 있었다.

"나, 꿈꾸고 있는 건가?"

소녀는 두손을 양볼에 갖다대며 꾹꾹 눌렀다.

소녀가 다시금 주변을 살피는데, 저 멀리 산호색의 머리칼을 가진 장발의 사내가 다가오고 있었다.

"누구세요?"

소녀는 자리에서 일어나며 말했다.

"당신을 이곳으로 데려왔습니다."

산호색의 머리칼을 가진 남자는 부드럽게 웃으며 대답했다.

그의 목소리는 정말 아름다웠다.

"저를 왜요?"

소녀의 물음에 남자는 웃기만 할뿐, 아무 말도 하지 않았다.

"이곳은 참 아름다운 곳 이예요."

남자의 말에 소녀는 고개를 끄덕였다.

본적 없는 신기한 물고기 들과, 빛나는 산호, 푸르기도 하고, 검기도 한 바다 속. 소녀는 설레기 시작했다.

"저의 친구가 되어주시겠습니까?"

남자는 정중히 물어왔다.

소녀는 고개를 끄덕였다.

비참하게 죽는 것 보단, 이곳에서 아름다운 풍경을 보며 지내는 게 낫다고 생각했기 때문이었다.

"이곳은 정말 아름다워요!"

그렇게 두 사람의 시간은 2주일이란 시간으로 달려가고 있었다.

"하아…"

소녀는 걱정스러운 듯, 바다 위를 바라보았다.

"혹시 그쪽세계가 그리우신 겁니까?"

남자의 말에 소녀는 힘없이 대답했다.

"보고 싶네요, 싫어서 자살하려 한건데."

남자는 웃으며 소녀의 볼을 쓰다듬었다.

"원래 그런겁니다, 죽기전 모두들 후회하죠. 이건 해볼걸, 이건 하지말걸, 사과할걸, 해드리고 갈걸, 그렇게 후회만 하긴 너무 아쉽잖습니까? 제가 보내드릴테니, 앞으로 후회하지 마십쇼. 후회 하더라도, 거기서 끝내지 말고, 다시 시도하세요."

남자의 말에 소녀는 고개를 힘차게 끄덕였다.

"고맙습니다!"

소녀는 자리에서 일어났고, 남자는 소녀에게 둥그런 수정구를 쥐어주었다.

물빛이 감도는 파란 수정구였다.

"이걸 기억해주십쇼. 만약 이 구슬이 깨진다면, 당신에게서 가장 소중한 것을 빼앗으러 가겠습니다."

소녀는 고개를 끄덕였다.

***

"깨어났어요!!!일어났다고요!!!"

젊은 남성의 말에 소녀는 눈을 굴려 주변을 보았다.

병원이었다.

그리고, 소녀의 손에는 물빛수정구가 쥐어져 있었다.

***

소녀가 자라나고, 어른이 되어 결혼을 하고, 배우자와 한걸음 한걸음 걸어왔을 때, 소녀는 할머니가 되어있었다.

이미 오래전 남편을 잃은 그녀는 살아갈 이유가 없었다.

'자식이라도 있었다면… 이런 후회는 하지 않았을 텐데.'

소녀가 늙어버린 손으로 눈물을 훔치고 있을때, 소녀의 앞으로 물빛 구슬이 굴러왔다.

소녀는 몸을 숙여 그 물빛 구슬을 주웠고, 소녀는 그 구슬을 던져 깨버렸다.

"당신에게 가장 소중한 것을 빼앗으러 왔습니다."

물보라가 치고, 소녀가 어린 날 바다 속에서 만났던 그 남자가 나타나 말했다.

남자의 말에 소녀는 웃으며 대답했다.

"나의 가장 소중한 것은, 나입니다."

소녀의 대답에 남자는 소녀의 손을 잡았다.

"후회하지 않을 자신 있습니까?"

남자의 말에 소녀는 결의에 찬듯, 말했다.

"후회하더라도 거기서 멈추지 말라고 했습니다.

당신이."

남자는 소녀의 말에 싱긋 웃어 보였다.

그리고, 그들은 그렇게 사라졌다.

석양의 백호

엄마가 언젠가 나에게 해주었던 이야기.

애틋하고도 너무 슬펐던 그 동화.

그리고, 훗날 보람 있어진 그 동화

"매일매일 붉은 석양을 유지하는 아름다운 세계가 있었어. 그 세계는, 붉은 석양이 매우 아름다웠어. 매일같이 보이는 석양이지만 아주 아름다웠단다. 그런데 그곳엔 단풍이 진 산이 있었어. 저녁만 있는 세계인데도 다른 생명들은 사계절을 모두 겪고 있었지. 그리고 소녀는 그 세계의 모든 것이 주황빛으로 물들어 갈 때 그곳을 찾아갔어"

그렇게 엄마는 나에게 이야기를 들려주었다.

내가 고등학생이었는데도 불구하고 나는 그 동화를 듣고 싶었다.

"소녀가 동네 뒷산을 걷고 있는데, 갑자기 밝은 빛이 나면서 주변이 모두 주황빛인 그 세계로 들어간 거야. 그리고 그곳엔, 하얀 백호가 있었어. 오랫동안 그 자리를 지킨 듯 소녈 보고도 놀라지 않았지"

나는 눈을 감고 상상했다.

왠지 매우 아름다울 거라고 생각되었다.

"백호는 소녀에게 다가가서 등을 낮춰주었지. 소녀는 거리낌 없이 올라탔어. 백호는 그대로 한참을 걸었어. 밤이 되지 않는, 그 이상한 세계는 백호를 비추는 것 같았어."

나는 빤히 엄마를 바라보았다.

엄마의 눈이 슬퍼보였다.

"그리고 소녀를 어떤 집으로 데려왔지. 소녀를 내려놓은 그 백호가 사람으로 변해있는 거야."

엄마의 말에 난 눈을 크게 뜨고 엄마의 곁으로 다가섰다.

그런 동화는 본적이 없는 것 같은데.

"그 백호는 소녀에게 말했지. '잘 왔어' 라고."

나는 고개를 끄덕였다.

"소녀는 무슨 말인지 몰랐어. 소녀는 그런 세상은 물론 사람으로 변하는 백호도 처음이었으니까."

나는 더욱 얘기에 집중했다.

"소녀가 갸웃거리니까 그 백호가 쓸쓸히 웃는 거야. 사람의 모습으로 웃는데 그 모습이 어찌나 쓸쓸하던지."

나는 입모양으로 작게 탄성을 질러냈다.

"백호가 소녀 옆으로 다가서서 말했어. '네가 다시 태어나 이곳에 오길 기다리고 있었어' 라고 말이야"

나는 고개를 끄덕였다.

내 눈앞에 펼쳐지는 아름다운 광경들.

"소녀는 의문이 드는 듯 그 백호를 바라보았어. 백호는 소녀의 신발을 바라보다가 말했지. '난 평생을 이 젊은 모습 그대로 살아왔어. 하지만 넌 달랐어. 불규칙한 모습으로 내 앞에 나타났지. 네가 환생하고 환생 할 때마다 넌 날 찾아왔어.'"

그 백호의 슬픈 눈빛이 떠오르는 듯 했다.

"백호가 소녈 보고 쓴 웃음을 짓더니 말을 이었어. '어떨 땐 아주 어린 아기로, 어떨 땐 어여쁜 고교생으로 어떨 땐 아줌마로, 아가씨로 할머니로… 그렇게 매번 내 앞에 나타나서 사랑한다고 말하고 어느 때가 되면 사라졌지' 소녀는 백호의 말에 자신의 손을 보았어. 자기가 여기에 왔다는 게 믿겨지지 않았지. 그것도 환생 할 때마다 온다니 신기하기만 했어."

나는 눈을 반짝이며 엄마의 입술에 집중했다. 다음엔 어떤 말이 나올까?

"소녀는 백호가 너무 불쌍한 거야. 자신을 기다려 주는 그 백호에게 사랑을 느꼈지. 그렇게 즐거운 나날을 보내다가, 어느덧 떠날 때가 온거야."

나는 아쉬워 했다.

"백호는 소녀에게 말했어. '언제나 똑같은 운명이지만 꼭 기다릴게'"

나는 침조차 삼키지 않고 엄마를 바라봤다.

"그렇게 소녀는 현실세계로 돌아왔어. 모든게 꿈 같은 거야. 소

녀는 그 백호를 위해 작은 선물을 주자고 결심 했어"

"어떤 선물?"

"자신이 언제든 세계를 찾아가는 것. 하지만 소녀는 번번히 실패했어. 1년에 한번씩 그를 보기 전, 발을 들였던 그 뒷산을 꾸준히 찾아갔지만 소녀는 그 백호를 보지 못 했어"

"소녀 불쌍하다~"

내 진심어린 말에 엄마는 부드럽게 웃었다.

"결국 소녀는 포기하고 다른 선물을 준비했지."

"또? 또? 어떤 거?"

나는 턱을 괴고 엄마를 바라보았다.

"자신의 딸을 그 백호에게 보내기로 했어."

"그래서 성공했어?"

엄마는 어깨를 으쓱였다.

"아직, 그건 모르겠어 미완성이니까."

엄마는 꼭 그게 당신의 이야기인 것 마냥 말했었다.

나는 의문을 가졌었다. 그 소녀가 엄마 아닐까 하는 생각.

*

근데 그 이야기 속 소녀가 엄마였다.

그리고 엄마는 그 선물을 백호에게 전해줄 수 있었다.

내가 이렇게 백호 앞에 있으니.

"나 왔어요!"

내 외침에 백호는 놀란 듯 보였다.

나는 백호를 향해 두 팔을 벌리며 외쳤다.

"내 마지막 선물."

내 말에 백호가 눈물을 흘렸다.

하지만 백호는 웃고 있었다.

꿈같은 이야기

이 이야기는 아주 아름답고도 슬픈 사랑이야기.

먼 훗날 사랑을 만날 당신들에게도 일어날 수 있는 그런 흔한 이야기.

-10-

불이 꺼진 어두운 방.

그 방에서 TV만이 밝게 빛을 내고 있었다.

TV는 까만 화면을 지지직 거리며 빛을 내고 있었다.

-9-

"서로한테 권태기인 것 같아. 더 상처주기 전에 끝내자."

그녀의 말에 나는 얼음처럼 굳어버렸다.

그리고 그녀를 천천히 훑었다.

발치부터 허리까지,

허리부터 얼굴까지,

오늘따라 그녀의 입술에 핏기가 없다.

"왜?"

나는 그녀의 핏기 없는 입술에 눈을 고정시킨 채 물었다.

그녀는 한참 뜸을 들이더니 질문했다.

“너에게 있어서, 난 뭐였어?”

나는 그녀의 질문에 한숨을 쉬었다.

“그걸 물…”

“넌 나에게 있어서 꿈같은 사랑이었어. 남부러울 것 없는 최고의 사랑이었고, 마지막이라 해도 손색이 없는 그런 사랑이었어.”

나는 그녀의 말에 아무런 대답도 할 수 없었다.

“난 너에게 뭐였니?”

그녀의 물음에 나는 입을 열었다.

“누구와도 바꿀 수 없는 그런 사랑.

앞으로도 그래야할 사랑.”

그녀는 나의 대답에 위태롭게 웃었다.

“하지만 이 사랑은 언제가 끝날 때가 와. 그게 지금이고, 가장 아름답게 끝날 때도 지금이야.”

그녀의 말에 나는 고개를 끄덕였다.

“사랑해. 그리고 사랑 했었어.”

그녀의 하얀 손이 내 얼굴을 어루만졌다.

“나도 사랑해. 앞으로도 쭉 사랑해. 널 잊지 못할 거야 분명.”

내 대답에 그녀는 자리에서 일어섰다.

그리고 그대로 집을 나갔다.

다시는 돌아오지 않을 사람,

다시는 만나보지 못할 사랑,

난 그렇게 그녀를 떠나 보냈다.

-8-

회사 생활로 한창 바쁜 8월.

한 번에 다섯 가지 일을 하며 하루하루를 보냈다.

가끔은 그녀가 생각났지만, 슬프거나 아프진 않았다.

우리의 마지막이 슬프고도 아름다웠기 때문에.

-7-

벌써 이주일.

그녀와 헤어진 지 이주일이다.

그녀를 본적은 없지만, 찾아가려고 하지도 않는다.

우리의 마지막을 더럽히기 싫어서.

일을 모두 끝마치고 회사 사람들과 카페를 갔다.

내가 주문을 하기위해 주문대로 갔는데, 그녀가 서있었다.

"잘 지내?"

내 말에 그녀는 고개를 끄덕였다.

저번보다 말라있는 몸,

피곤함이 서려있는 눈,

일하기가 힘든 것 같았다.

"앞으로도 잘 지내고 몸 조리 잘해"

그렇게 그녀와의 대화는 끝이 났다.

-6-

더위도 한풀 꺾인 8월의 저녁.

그녀에 대한 그리움도 조금은 무뎌진 것 같았다.

아니, 무뎌져야 한다고 생각했다.

하지만 아직은 아닌 것 같았다.

-5-

회사일이 없어 조금은 한가해질 때 즈음 그녀에게서 메일 한통이 왔다.

곧 프랑스로 떠날 거라는 내용의 메일이었다.

나는 그 메일을 읽고 한동안 멈춰 있었다.

꼭 시간이 멈춰버린 것 처럼.

그녀가 떠날거란 상상은 하지도 않았기 때문이었다.

"생각도 못했는데…"

나는 옷을 챙겨 입고, 집을 나왔다.

그녀의 집으로 가서 배웅이라도 해야 할 것 같았다.

왠지 모르게 그런 느낌이 들었다.

지금이 아니면 영원히 끝일지도 모른다는 생각에서 그랬던 것 같

다.

이런 저런 생각을 하며 그녀의 집 앞에 도착했다.

그녀의 집엔 아무도 없었고, 그녀의 이웃에게 물어봐도 모른다는 대답만 들려왔다.

-4-

며칠째 그녀의 핸드폰으로 전화를 걸었지만 그녀는 받지 않았다.

마지막 인사를 해주고 싶었는데…

그녀의 부모님에게도 전화를 걸어보았지만, 울음기 있는 목소리로 모른다고만 대답하셨다.

부모님께 말씀도 안 드리고 간 걸까?

나는 그녀가 걱정 되었다.

안 그래도 피곤해 보이는 상태에 프랑스를 간단 말에 걱정이 앞섰던 것 같다.

나는 다시 전화기를 들어 음성메모를 남겼다.

"메일만 남기고 떠나서 조금 놀랐어. 부모님께 말씀이라도 드리지. 프랑스에서 잘 지내고, 한국에 한 번쯤은 내려와. 아프지 말고. 그리고…"

보고 싶다고 말하고 싶었다.

하지만 그녀는 내 이제 사람이 아니다.

그래서 나는 그 정도의 메시지만 남겼다.

-3-

"예 부장님. 예 알겠습니다."

부장의 전화를 받고 회사로 가는 길. 휴일에 웬 호출이냐며 동료 직원과 함께 투덜대며 회사로 향했다.

부장의 호출에 혼을 모두 뺀 우리는 쉬기 위해 카페로 들어갔다.

동료와 나는 쓰디쓴 아메리카노를 시켜먹으며 회사얘기를 했다.

"여기 저번에 왔던 곳이지?"

동료의 말에 나는 고개를 끄덕였다.

그리고 헤어진 뒤의 너를 만났던 곳, 더 수척해진 널 발견했던 곳.

이곳에서 나는 커피를 마시고 있다.

-2-

그녀와 헤어진 지 3개월이 다되어 가는데도 그녀를 볼 수 없었다.한통의 전화도 없었다.

몇 번이고 걸어봤지만 받지도 않을 뿐더러, 내 음성메모도 듣지 않은 것 같았다.

이게 뭐하는 짓인가 싶어 한숨 지을때도 많았다.

이제 정말 그만 할 때가 온 걸까.

앞으로 평생 그녀를 못 만난다 할지라도 난 행복할 것이다.

나에겐 그녀의 편지가 있으니까.

-1-

그녀와 헤어진지도 오랜 시간이 흘렀다.

그녀가 문득문득 생각 날 때도 있었다.

나는 시간이 흐른 만큼 변했다.

너와 성격이 비슷한 아내를 만나 아이를 낳고 행복하게 살고 있다. 하지만 그런 너를 잊을 순 없었다.

앞으로도 쭉 그녈 잊지 못할 것 같다.

그리고 몇 년이 지나도록 그녀를 보지 못했다.

-0-

불이 꺼진 어두운 방.

그 방에서 TV만이 밝게 빛을 내고 있었다.

하지만 그 TV는 고장난지 오래였고, 먼지까지 뽀얗게 쌓여있었다. 다시 작동될 기미는 보이지 않았다.

TV는 까맣게 꺼진 채 영원히 작동되지 않았다.

그리고 영원히 그 자리에 머무를 듯 우리에게 무게감을 주었다.

반복

"저리가! 저리가! 난… 지 않다구!"

꿈속의 내가 소리친다.

난 매일 같은 꿈을 꾼다.

매일 꾸는 꿈에서 난 같은 억양으로 소리치고, 같은 손짓을 하고, 같은 말만 되풀이 한다.

그 뒤 나는 항상 그래왔듯, 쓰러진다.

그리고 쓰러져가는 나를 검은 실루엣이 받아 안는다.

저 실루엣도 항상 내 꿈에 나온다.

나는 그 실루엣을 향해 손을 뻗었다.

"서미야! 윤서미!"

달콤한 목소리를 가진 그가 나를 불렀다.

방문 앞에서 나를 바라보고 있는 내 남자친구…

이상하게도 그를 보면 항상 꾸는 그 꿈의 내용이 기억나지 않는다.하지만 그것에 아랑곳 하지 않고 일어났다.

하얀 이불이 내 몸을 타고 바닥으로 떨어졌다.

나는 그 이불을 밟고, 그에게로 달려갔다.

"잘 잤어?"

그의 목소리에 나는 고개를 끄덕였다.

그는 나를 감싸 안으며 되물었다.

"아프다 해서 낮잠 재웠는데 잘 잔거 맞지?"

나는 눈을 감고 다시 고개를 끄덕였다.

그는 낮게 웃으며 내 머리를 쓰다듬었다.

그 손길이 좋아 가만히 있었다.

"저녁이라 선선해 옷 따뜻하게 입어~"

그의 말에 내가 물었다.

"어디 가려고?"

"응~밖에 나가자~"

나는 고개를 끄덕였다.

방방 뛰며 방으로 들어간 나는 예쁜 원피스를 입었다.

원피스를 입고 빙글빙글 돌던 나는 바닥에 떨어진 이불이 신경 쓰여 이불을 침대 위에 올려놓았다.

하얀 시트 위로 올려지는 레이스 달린 하얀 이불... 하얀색을 좋아하는 나를 위해 그가 선물한 침대였다.

나는 그 이불을 팡팡 치고는 밖으로 나왔다.

"준비 다 했어?"

"응! 가자 재현아!"

"아주 귀여워 죽겠어~ 너 나랑 결혼해야 해!"

그의 말에 나는 박수까지 쳐가며 웃었다.

"알겠어~ 알겠어~"

그는 활짝 웃으며 내 손을 잡았다.

"가자~"

집을 나오자 쌀쌀한 바람이 불어왔다.

나는 몸을 떨었고, 그는 그런 나를 부서지듯 껴안았다.

그렇게 우리는 알콩달콩 거리를 거닐었다.

그렇게 도착한 마트. 나는 습관적으로 카트를 꺼냈다.

"오늘은 뭐 살거야?"

"오늘은 우리 서미씨가 좋아하는 된장찌개 해먹을까?"

나는 고개를 끄덕이며 좋다고 했다.

사람들은 나를 흘끔흘끔 쳐다보았다.

내 남자가 잘생겨서 쳐다보는 거야 뭐야?

사람들을 가볍게 무시하고 장을 보기 시작했다.

그가 양배추 2개를 들고 머리에 가져다댔다.

"짜안~ 곰이다아!"

그의 말에 나는 깔깔 웃으며 그의 가슴팍을 쳤다.

"강재현~ 너 너무 웃겨!"

내 목소리가 컸던걸까? 주변사람들이 나를 쳐다보았다.

나는 그의 손을 잡아끌고 계산대로 왔다.

계산대에서 계산을 하고 있었다.

오늘따라 손님이 많아 아줌마의 손은 더 빨라진 듯 했다.

"재현아~계산 좀~"

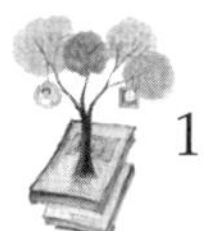

그는 고개를 끄덕였다.

나는 카트를 끌고 계산대를 나왔다.

"이제 그만 가죠"

나는 그 사람을 바라보았다.

뛰어온 건지 숨을 헐떡이고 있었다.

그 사람은 무릎을 짚고 있다가, 몸을 일으켰다.

그는 갈색 티셔츠에 하얀 가디건을 입고 있었다.

나는 카트를 그 사람쪽으로 밀며 소리쳤다.

"당신 뭐야!"

그 사람은 카트를 쉽게 피하며 말했다.

"돌아가서 치료받아요. 당신 아프잖아요."

알 수 없는 말을 하는 그 사람.

나는 한발 한발 물러섰다.

"내가 어디가 아프다고 약을 먹어! 나 아픈데 없어! 약 먹기 싫어!"

그 사람은 그럴 줄 알았다는 듯 한발짝씩 앞으로 다가왔다.

나는 그 자리에 서서 소리쳤다.

"저리가! 저리가! 나는 아프지 않다구!"

그 뒤 내 눈이 스르르 감겼다.

나는 달려가 그녀를 받았다.

항상 똑같은 일상.

"엠뷸런스로 옮겨!"

나는 그녀를 받아 안은 채 말했다.

병원에 도착한 뒤 그녀를 병실로 옮겼다.

간호사들은 지친 몸으로 그녀의 병실로 들어갔다.

- 환자 이름 : 윤서미

환자 병명: schizophrene

그녀의 진료차트를 뚫어져라 바라보았다.

"내일이면 또 기억 리셋하고 사방팔방 돌아다니겠네. 윤서미 환자?"

갑자기 다가온 목소리에 나는 흠칫 하면서도 대답했다.

"심한schizophrene잖아. 서미씨 같은 경우는 그날그날의 기억을 매일 잊고 5년전 그날의 기억을 매일 되풀이 하지."

그렇다 그녀는 심한 정신분열증 환자다.

강재현. 5년 전 강도에 의해 살해된 희생자다.

그의 여자친구 였던 그녀는 그가 죽었다는 충격으로 정신분열증을 앓게 되었고 그를 살아있는 인물로 만들며 그가 죽은 날의 일부만 매일같이 되풀이 하고있다.

꼭 고장난 비디오 처럼 그 부분만 반복하고 있다.

그리고 하루하루의 기억은 매일같이 지워버린다.

그녀가 나를 경계하는 이유도 그 때문이다.

언제쯤 호전되는 걸까. 그녀의 머릿속엔 강재현이 죽은 그날의 가장 행복한 순간만이 남아있을 뿐이다.

이 악몽같은 반복.

반복 속에서 그녀는 괴로울 것이다.

"저리가! 저리가! 난…지 않다구!"

꿈속의 내가 소리친다.

난 매일 같은 꿈을 꾼다.

매일 꾸는 꿈에서 난 같은 억양으로 소리치고, 같은 손짓을 하고, 같은 말만 되풀이 한다.

그 뒤 나는 항상 그래왔듯, 쓰러진다.

그리고 쓰러져가는 나를 검은 실루엣이 받아 안는다.

저 실루엣도 항상 내 꿈에 나온다.

나는 그 실루엣을 향해 손을 뻗었다.

"서미야! 윤서미!"

달콤한 목소리를 가진 그가 나를 불렀다.

방문 앞에서 나를 바라보고 있는 내 남자친구.

이상하게도 그를 보면 항상 꾸는 그 꿈의 내용이 기억나지 않는다. 하지만 그것에 아랑곳 하지 않고 일어났다.

하얀 이불이 내 몸을 타고 바닥으로 떨어졌다.

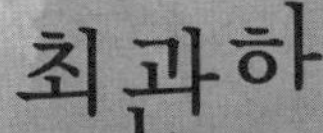

시

작가의 말

금년은 태어나서 가장 마음이 아프고 어려웠던 시간이 있었습니다. 그것은 안타까움과 상처의 연속이었던 학교의 공간에서 벌어진 일들 때문입니다. 하지만 그 가운데서도 사랑의 마음을 잃지 않고 여러 사람들을 돕고 격려할 수 있도록 인도하신 주님께 감사를 드립니다.

사랑의 종류에는 몇 가지가 있습니다.

남녀간의 사랑인 에로스, 친구간의 우정 필리야, 혈육간의 사랑 스톨게, 그리고 자기희생적인 사랑 아가페가 있습니다. 이 가운데 아가페적인 사랑의 마음을 가지고 살아가는 축복이 있어 감사할 따름입니다. 내가 죽어 남이 사는 것, 한 알의 밀알이 썩어져 많은 열매가 맺힌다는 삶으로 살아가는 인생은 값지고 아름다운 인생길 이라고 생각합니다.

또 한 번 사랑의 글을 모읍니다.

작은 사랑의 편린들이 위로와 평강, 기대와 소망 가운데 살아가는 힘이 되고 격려가 되길 기도합니다. 사랑은 '퍼주고 퍼주어도 줄지 않는 샘물 같은 것'이라는 생각이 듭니다. 이 글들이 그러한 사랑을 느끼는 글이 되었으면 좋겠습니다.

이 사랑은 사람이 만들어낸 사랑이 아니라 주님이 주신 아가페적 사랑입니다. 그 사랑으로 살아가게 하시니 감사할 따름입니다. 또한 그 사랑을 세상의 사람들에게 끝까지 전하는 삶으로 살고 싶습니다. 그 삶이 가장 값지다는 것을 잘 알기 때문입니다.

사랑은 소리없이 찾아오는데

바람처럼 다가서는 그대
눈망울을 그리다 잠이 든 후에
아련히 나타나는 꿈 속의 당신

안개처럼 흐르는 그대
미소를 짓다가 발을 멈추고
올려다 본 하늘에 새겨진 구름 속 당신

사랑은 소리 없이 찾아오는 데
당신의 그림자 내 마음에 묻어
아름다운 미소 꽃가루처럼 흩날리네.

당 신

가슴에 남아 있는 그리움의 잔영殘影
당신은 푸른 하늘 머금고 날아가는 한 마리 새
창공을 가로 질러 사랑의 구름을 타고
멀리 멀리 비상飛翔하는 한 마리 새

눈가에 어리는 외로움의 눈물
당신은 겨울 바람 맞으며 걸어가는 한 장의 이파리
아스팔트 쓰다듬고 잦은 상념想念 날리며
사랑 찾아 굴러가는 낙엽落葉

당신은 그리움의 잔영殘影
당신은 한 마리 새
당신은 외로움의 눈물
당신은 한 장의 이파리.

가을 연정

가을빛이 세상을 붉게 물들일 때
당신과 함께 걷는 들판에 사랑이 익고 있다
사랑은 그 이름만으로도 아름다워
오직 사랑사랑만을 메아리처럼 윌 때
가을 연정은 내 가슴 속에서
잔잔하게 흐르는 황혼이 되고 있다

어깨를 겯고 하늘을 볼 때
혼자가 아님을 얼마나 기뻐하며
당신이 내 곁에 있음을 즐거워하는지
살며시 부는 바람도 지는 낙엽도
이렇게 사랑스러움을
나는 지금 가을의 연정을 소유하고 있다.

사랑하고 싶다

은행잎을
밟고 걷는
연인들의
마음에는
무엇이 있을까

비처럼
쏟아지는
낙엽을 맞으며
걸어가는
연인들의

꼭잡은
손

나도 사랑을 하고 싶다.

그대여 그대여

그대여 그대여
하늘하늘 그대여
하늘하늘 날아가는
나비같은 그대여

그대여 그대여
뭉게뭉게 그대여
뭉게뭉게 흘러가는
구름같은 그대여

그대여 그대여
내 사랑 그대여
가슴 가득한 사랑
가져다준 그대여.

소녀야

소녀야 소녀야
단발머리 소녀야
바람 불면 날아갈까
나풀나풀 나비짓하며
소리 치면 흩어질까
스삭스삭 메아리되는

소녀야 소녀야
내 사랑 단발머리 소녀야
가슴에 고동치니
사랑 노래 흘러나와
얽혀졌던 마음줄
풀어주네

소녀야
소녀야
단발머리 소녀야.

나에게 당신은

가슴에 저미는 슬픔이 있을 때
나는 당신의 이름을 부르고 있어요
아무리 큰 행복이 내 앞에 놓여있을지라도
슬픔을 안고 당신과 만나는 순간이
더욱 큰 기쁨인걸요
당신으로 하여금 슬픔은 곧 기쁨으로
화한다는 사실을 아는 까닭에
나에게 당신은 환희요 기쁨입니다
나에게 당신은 아름다운 무지개로
빛나고 있습니다.

길을 걷다가

길을 걷다가
바라본 조각구름은
당신의 뽀얀 얼굴

길을 걷다가
마주친 바람은
당신의 고독한 숨결

길을 걷다가
들려오는 새소리는
당신의 세미細微한 음성

길을 걷다가
길을 걷다가
만나는 것은
그대 고운 모습

아름다운 영혼의 결정結晶.

겨울사랑

따사로운 모닥불
같은 그대
겨울 시린
눈발 속에 스치는
당신 목소리

아로새긴 이름
그대의 모습
가슴에 있네
가을은 가고
겨울 오는데

낙엽은 흩어져
눈은 쌓이는데
사랑 보듬어 안는
따스한 연인
아름나운 연인.

그대 고독할 때면

그대 외로울 때면 내 이름을 불러 주세요
나는 그대 곁에 사랑이라는 이름으로 항시 남아 있을테니
주저하지 말고 이름을 불러주세요

그대 서글플 때면 내가 들려준 노래를 불러 보세요
나는 그대 곁에 아름다운 노래로 항시 남아 있을테니
망설이지 말고 노래를 불러 보세요

그대 고독할 때면 나를 찾아주세요
나는 그대 곁에 친구라는 이름으로 항시 남아 있을테니
머뭇하지 말고 나를 찾아주세요

나 외로울 때면 당신 이름 부르리
나 서글플 때면 그대가 들려준 노래 부르리
나 고독할 때면 당신을 찾으리

섬처럼 내 곁에 머물러 있는

당신의 이름 부르며

나 고독할 때면 당신을

당신을 찾으리.

아름다운 여인아

긴 머리칼 날리며
나폴나폴 걸어오는 그대
햇살 아래 반짝이는
당신의 눈은
내 가슴에
무지개빛으로 사무쳐드네
아름다운 여인아.

행복이라오

봄하늘 아래 걷는 기분 상쾌하고 기쁜 마음 싱그러워라
하늘아 이내 마음 어루만져 봄노래 부르게 하라 행복이라오

여름바다 파도 치네 물결진 수평선 너머 갈매기 아름다워라
시원한 바람 불어와 마음속 고민 사라지네 행복이라오

가을낙엽 흩어진 오솔길 추억 가득 안겨주네 그리워라
사랑하는 사람아 항시 내 곁에 있어 이름 부르니 행복이라오

겨울눈밭에 당신 이름 새겨 놓으니 그대 눈동자 예뻐라
가슴에 끌어 안고 사랑 노래 불러요 이 밤 다가도록 행복이라오

행복이라오 행복이라오 그대와 함께라면 작은 지붕 아래서도
기쁨이라오 기쁨이라오 그대와 함께라면 가진 것 비록 적어도.

대성리 연가

늦가을 오솔길
낙엽 가득 덮인데
길을 걸어요
가을 노래 부르며

대성리
남사당의 막걸리는
사라졌지만
북한강 바람
새벽 안개
노 젓는
나룻배 속의 연인들
아름다운 사람들

당신의 눈동자엔
가을이 꽉
차 있네요

나는 그 안에서

당신의

깊은 마음을

느끼는

눈물이 되었어요.

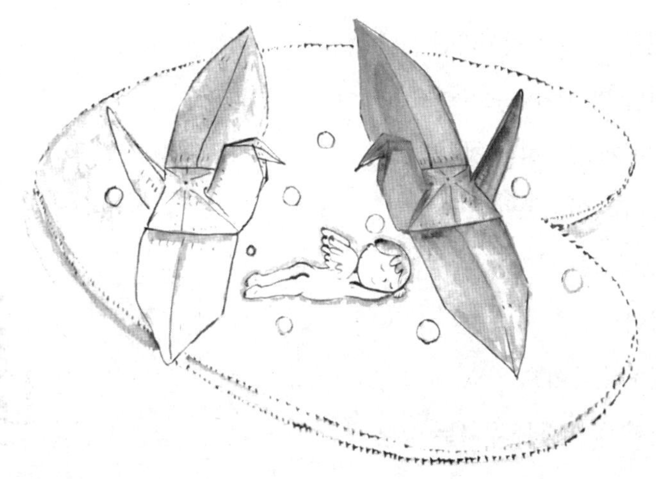

나는 잘 몰라요

당신에게 다가갈수록
더 가까이 있고픈
마음 나는 잘 몰라요
누군가 사랑이라고 한다면
나는 즐거움의
노래를 부르려 해요
당신 사랑하는 내 당신
치기 어리다고 놀려도 좋아요
그것이 당신의 사랑을
확인할 수 있는 길이라면
밤하늘 별이 되어도 좋아요
당신에게 깊숙히 빠져 있는
강물이 되어도 좋아요
내가 당신을 사랑할 수 있는
지금이
느껍도록 좋아요
당신이 내 이름믈 부르는 순간

나는 당신에게 있어
스치는 바람이 아닌
영원한 의미로 존재하니까요
내가 당신을 부르는 순간
당신은 내게 있어
하나의 의미로 살아 있으니까요
나는 잘 몰라요
하지만
당신을 저 맑은 하늘보다
더 사랑하고 있음은
누구도 부인못할
진실이랍니다.

당신의 향기

당신에게 날아드는 나는
한 마리 작은 새처럼
큰 몸짓은 할 수 없지만
당신 있는 곳이면 어디든지
날아갈 수 있는
날개를 가지고 있지요

당신 모습 보이지 않아도
찾을 수 있고
당신 목소리 들리지 않아도
찾을 수 있는 것은
그동안 나에게 심어 놓은
당신의 향기가 있기 때문이지요

사랑하는 그대여
당신의 의미는 내 살아있음의
의미라 감히 말하니

두려워말고 근심하지 말아요

내가 부여한 당신에 대한 사랑은

하나의 운명 그래요

엄청난 운명입니다.

비 내리는 날에

비 내리는 날에는
당신 생각에 어쩔 줄 모릅니다
특히 이렇게 비오는 날에
당신이 더욱 그리워지는 것은
빗줄기 하나하나가
그리움의 화살이 된 까닭입니다

비 내리는 날에는
붉은 장미를
한 아름 안겨 주고 싶고
수요일엔 빨간 장미를 이라는
노래를 불러주고 싶어집니다
잘 가는 노래방에서
대학로 노천광장에서
달리는 차안에서

그저 이렇게 비오는 날에는

내가 당신을

이만큼 그리워하고 있다는 사실을

알게 하고 싶습니다

내 마음과 이 사랑을

비와 더불어

한 아름 전해드리고 싶습니다.

지하철 안에서

세상 사람 모여
살아가는 모습
참 아름다워라

여기저기 힘들게
걸어가는 사람
지친 어깨 삶의 고통
모두모두 사라지는 건
내 사랑하는 사람 있어
함께 나눌 그리움 있어
웃을 수 있는 것

마주 잡은 손길
따스함 느껴져
사랑해요 당신
눈망울에 써 있네

스치는 인연이 되지 말아요
사랑하는 당신의 이름
영원히 부르고 싶으니

우리 모두 노래 불러요
사랑의 노래를
나보다 더 사랑하는
나의 노래를
당신의 노래를.